관계 전문가 정혜전이 알려주는
남자 보는 눈

정혜전 지음

관계 전문가 정혜전이 알려주는

남자 보는 눈

정혜전 지음

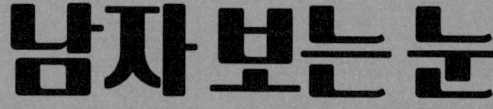

애플북스

prologue

남자 보는 눈이
당신에게 필요한 이유

스스로 남자 보는 눈이 없다거나 남자 복이 없다며 푸념하고 팔자 타령을 하는 여자들이 의외로 많다. 또한 나는 결혼할 운이 없다, 남자가 꼬이지 않는다며 스스로를 탓하거나 운명을 탓하는 노처녀들도 많다.

반면 결혼에 실패한 여자들은 섣불리 결혼했다거나 혹은 속아서 결혼했다고 생각하며, 결혼을 위한 결혼은 하지 말아야 했다고 가슴을 치며 후회한다. 심지어 그녀들은 '다시는 결혼을 하지 않겠다'는 다짐을 하고 남자에 대해 눈과 마음을 아주 닫아버려 주변의 좋은 남자를 알아보지 못하는 큰 실수를 범하기도 한다.

결혼을 한 번도 하지 못하고 불혹의 나이를 넘긴 여자들은 '그래도 남들이 하는 것을 해봤어야 했다'는 후회로 오히려 이혼이라도 해본 여자들을 부러워하기도 한다. 겪어보지 못한 인생에 대해 후회와 부러움을 느끼는 건 당연한 일이다. 하지만 박힌 못을 빼도 못 자국은 남는다는 말이 있듯이 얼마나 큰 못이 박혔는지에 따라 인생이 달라지기도 한다.

'결혼이 보험'이라는 말도 심심치 않게 들을 수 있는데, 이는 요즘 남녀들이 사랑을 이루기 위한 결혼이 아닌 안정된 노후를 위한 결혼을 더 중요하게 여긴다는 것을 시사한다. 그렇기 때문에 결혼을 더 철저히 설계하고 준비하며, 남자들도 사회적 능력을 갖춘 여자들을 만나고 싶어한다.

사회생활을 해봤거나 하고 있는 여자들이 만족스럽지 못한 결혼생활에 대해 이혼을 좀더 빨리 결심하고 단행할 수 있는 것은 스스로 자립할 힘이 있기 때문이다. 하지만 현모양처의 삶을 바랐던 여자들은 결혼생활이 만족스럽지 않다고 해도 참거나 팔자 타령을 하며 현재 상태에서 벗어나지 못하는 경우가 많다. 우리 어머니 세대처럼 말이다.

누구에게나 한두 가지 큰 복은 있다고 한다. 남편 복, 자식 복, 재물 복, 인복, 부모 복 ……. 그런데 생각이나 행동으로 자신이 복을 차버리고 있는 줄은 모르고, 팔자나 운명의 탓으로 돌리며 한숨만 짓고 있는 여자들에게, 자신의 복을 가슴에 제대로 품는 방법을 알려주고 싶어 이 글을 쓰게 되었다.

행복은 스스로 만들어가야 한다. 생각하기에 따라 같은 상황에서도 어떤 이는 행복을 느끼고, 또 다른 이는 불행을 느낀다. 학창시절 소위 '날라리'라고 불렸던 여자들이 남자를 잘 만나 안정적이고 행복한 결혼생활을 하는 것을 단지 그 여자의 복이나 팔자라고 단정 지을 것인가? 많은 남자들을 만나면서 그녀에게 남자 보는 눈이 생긴 건 아닐까 하는 생각도 해봐야 한다. 무슨 일이든 실제 경험이 쌓이면 실력이 되는 것처럼 연애와 결혼도 마찬가지다. 남자 보는 눈과 다루는 법 등의 노하우를 알 수 있다.

직접 경험이 어렵다면, 간접 경험으로도 남자 보는 눈, 내 남자를 달라지게 하는 노하우를 배울 수 있다. 인생 선배의 경험을 듣거나 책이나 영화 등 매체를 통해서 말이다.

물론 인생을 드라마 각본처럼 계획대로 살 수는 없다. 하지만 삶의 목표가 확고한 사람들은 자신이 짜놓은 각본대로 살아가려 노력하기에 불행보다는 만족과 행복이란 단어를 더 친숙하게 곁에 두고 산다. 성취욕도 맛보면서 말이다.

어떻게 하면 좋은 남자를 어떻게 하면 만날 수 있을까? 스타일리쉬한 나쁜 남자를 나에게만 다정한 남자로 전면 개조할 수는 없을까? 이런 고민에 빠진 여자들에게 조금이나마 도움이 되고 싶어 이 책을 쓰게 되었다.

"인생에는 답이 없다"는 말이 있듯이 남녀 관계도 답이 없는 경우가 많지만, 오답을 먼저 알면 정답에 가까운 답을 찾아낼 수는 있다. 그 방법을 터득하는 것이 상처를 줄이고 행복을 만들어가는 길이 아닐까?

내가 사랑하는 남자, 내가 철썩같이 믿는 지금 내 옆의 남자는 내게 상처를 주는 남자일까, 행복을 주는 남자일까 고민해보기를 바란다. 그리고 여태껏 만나왔던 남자들은 어땠는지도 생각해보자.

나의 성격이나 아집 때문에 좋은 남자를 나쁜 남자로 전락시켜버리는 건 아닌지, 또 나쁜 남자를 좋은 남자라 생각하며 가슴앓이를 하고 신세한탄하고 있는 건 아닌지 고려해보아야 한다.

남탓을 하거나 팔자 타령을 하며 가장 찬란하고 아름다운 시절을 허비하는 모습이 스스로에게 없었는지 생각해보고, 좋은 남자에 대한 답을 구하기 전에 자신에 대한 답을 먼저 구하는 것이 결혼과 사랑에서 실패를 줄이는 길이 될 것이다.

Contents

프롤로그 남자 보는 눈이 당신에게 필요한 이유   4

'남자 보는 눈' 높이는 1단계
그대, 여자부터 달라져야 한다

01 결혼은 드라마가 될 수 있을까   14
02 달콤 쌉싸름한 연애와 결혼   20
03 왜 남자들은 머리 좋은 여자에게 끌릴까   26
04 스무 살과 서른 살의 이상형   32
05 우리들의 결혼 적령기   38
06 결혼만 하면 다 될 줄 알았어   44
07 연애에도 오답노트가 필요하다   51
08 나의 연애는 왜 항상 아플까   59
09 지금은 두 눈을 부릅떠야 할 시간   66

special 결혼하기 좋은 여자를 위한 10가지 조언   72

'남자 보는 눈' 높이는 2단계
결혼하기 좋은 남자 찾기

01 생각보다 가까운 곳에 그가 있다	78
02 외모로는 절대 볼 수 없는 것들	84
03 눈높이를 만족시키는 남자	90
04 새로움이 항상 좋기만 할까	98
05 내가 사랑한 남자, 나를 사랑한 남자	104
06 과거, 현재, 미래 모습을 그려봐야 하는 이유	110
07 어른들이 소개해주는 남자	116
08 왜 그 남자에겐 사람이 몰릴까	122
09 대략난감! 마마보이냐, 효자냐?	128
10 결혼 전에 봐야 할 시댁의 민낯	134
special 결혼 전 남자를 볼 때 점검해야 할 10가지	141

'남자 보는 눈' 높이는 3단계
이 남자, 결혼해도 될까요?

_01_	자존심 강한 남자 vs 너무 순한 남자	148
_02_	부모님이 돈 많은 남자 vs 자수성가한 남자	154
_03_	술 잘 마시는 남자 vs 술 못하는 남자	162
_04_	거짓말 잘하는 남자 vs 거짓말 못하는 남자	166
_05_	돈 잘 쓰는 남자 vs 자린고비 남자	172
_06_	남성에게 인기 있는 남자 vs 여성에게 인기 있는 남자	179
_07_	사랑이 우선인 남자 vs 우정이 우선인 남자	185
_08_	나에게만 친절한 남자 vs 모두에게 친절한 남자	190
_09_	현금 쓰는 남자 vs 카드 쓰는 남자	194
_10_	도전을 즐기는 남자 vs 안정을 추구하는 남자	198
_11_	아침형 인간인 남자 vs 저녁형 인간인 남자	204
_12_	Yes 잘하는 남자 vs No 잘하는 남자	208
_13_	살림을 아는 남자 vs 살림에 무관심한 남자	212
_14_	주말 은둔형 남자 vs 주말 나들이형 남자	217
_15_	누나 있는 남자 vs 여동생 있는 남자	221
_16_	옷 잘 입는 남자 vs 옷 못 입는 남자	230
special	여자가 남자에 대해 가지고 있는 환상들	235
special	남자 사용 설명서	239

'남자 보는 눈' 높이는 4단계
결혼하기 좋은 내 남자 만들기

_01_ 훈남을 훈남으로 만드는 그녀의 센스	_244_
_02_ 전투에서 져주고 전쟁에서 이기기	_248_
_03_ 때로는 한 발짝 물러서는 말과 행동	_252_
_04_ 지금은 철이 필요한 시간	_257_
_05_ 돈 관리에 대한 대화, 골든타임은 언제인가	_262_
_06_ 결혼 계약서, 우리도 연예인들처럼	_268_
_07_ 엄마가 사랑하는 젊은 남자, 사위?	_274_
_08_ 우리 정말 결혼할 수 있을까	_282_
에필로그 사랑과 결혼의 진정한 의미를 찾아서	_288_

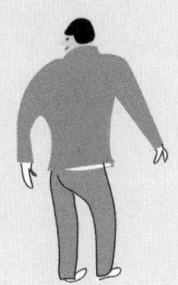

그대, 여자부터 달라져야 한다

01
결혼은
드라마가 될 수 있을까

20대의 사랑은 환상이다. 30대의 사랑은 외도다.
40대에 이르러서야 처음으로 참된 사랑을 알게 된다.
_괴테 Johann Wolfgang von Goethe

    대부분의 여자들은 행복과 사랑의 연장선이 결혼이라는 환상에 빠진다. 헤어짐을 아쉬워하지 않고 함께 아침을 볼 수 있다는 유행가 가사가 자신을 위한 노래라며, 빨리 그날이 오기를 손꼽아 기다리기도 한다.
    사랑에 빠지면 모든 사랑 노래가 자신의 노래처럼 들린다. 또한 사랑에 빠져 온갖 고난을 헤치고 마침내 결혼하는 해피

그대, 여자부터 달라져야 한다

엔딩의 드라마를 자신의 이야기처럼 공감하며, 설레는 마음으로 결혼을 기다리게 된다. 비극으로 끝나는 드라마는 다른 사람들 이야기 또는 삼류 소설에나 나오는 이야기라고 치부해버리면서 말이다.

일반적으로 인생 경험이 적은 사람들은 결혼을 떠나서 비극적인 일들은 자신과는 거리가 먼 이야기라고 생각한다. 하지만 상대적으로 조금 더 살아본 사람들은 상상할 수도 없는 남의 이야기 같은 것도 내 이야기가 될 수 있다는 것이 알 수 없는 인생사라고 이야기한다. 살아온 연륜이 인생을 다시 보게 해주는 것이다.

조금 더 함께 있고 싶어 헤어짐이 아쉬운 연인들은 결혼 후에는 헤어지지 않을 수 있다는 것만으로도 결혼을 손꼽아 기다린다. 그러나 결혼생활이라는 것이 연애 시절처럼 만남을 기다리고 행복과 사랑을 쏟아낼 수만은 없는 현실이라는 것은, 결혼생활의 여러 난관을 극복해본 사람이 아니라면 상상할 수 없다.

결혼한 후에는 늘 함께하기 때문에 상대의 장점보다는 단점을 더 많이 보게 되어 오히려 실망감이 더 커지기도 하고, 둘이 아닌 두 집안이 엮이는 일이므로 서로의 가족들에 대한 갈등이 생기기도 한다. 이런 것들이 애틋한 사랑에 금이 가게 만들

그대, 여자부터 달라져야 한다

기도 한다.

결혼생활에는 인내와 배려가 필요하다. 연애할 때처럼 남자가 자신을 위해 다 해줄 것이라는 어리석은 믿음이 불행을 불러오기도 한다.

한 사람의 노력만으로는 행복한 결혼생활을 유지하기 힘든 것이 현실이다. 드라마에서는 재벌 2세 남주인공과 가난한 여주인공의 러브스토리가 많이 등장한다. 게다가 요즘 드라마에 나오는 재벌은 예전과는 격이 다르다. 집은 궁전 같고, 부리는 가정부만 몇십 명이며, 걸치고 있는 옷값이 수백만 원이 넘어 수천만 원이다. 이런 재벌에 시집을 간 여주인공이 하루아침에 왕비로 격상된 것을 보며 많은 여성이 로또 같은 결혼을 꿈꾼다.

어디 그뿐인가. '돌싱(돌아온 싱글)'인 여자 주인공이 두세 살은 기본이고 열 살까지도 차이 나는 연하남의 사랑 고백을 받는 상황을 드라마에서 흔히 볼 수 있다. 바뀐 세상을 대변하는 것인지 그런 세상이 오기를 바라는 여성의 심리를 드러내는 것인지는 모르겠다. 이런 드라마를 보며 돌싱 여자들도 드라마 속 이야기가 곧 자신의 이야기가 될지 모른다는 꿈을 꾸게 된다.

드라마에서는 전혀 상류층 같지 않았던 남자가 상류층 남자인 것을 드러내면서 반전을 이루기도 한다. 하지만 현실에서는 재벌2세가 평범하게 사회생활을 하다 어려운 가정의 여자나 아이가 있는 돌싱과 사랑에 빠지는 경우는 아주 극소수다.

이쯤에서 우리가 짚고 넘어가야 할 것이 있다. 드라마나 영화에서 백마 탄 왕자나 연하남의 대시를 받는 여주인공은 어떤 여자인가다. 그 주인공은 나이를 가늠할 수 없는 몸매와 얼굴을 가지고 있다. 또한 똑 부러지게 똑똑하거나 야망을 가지고 있어 백마 탄 남자의 마음을 움직일 수 있을 정도로 매력적이다. 신분의 차이는 있지만 그것을 극복해나가는 공감대가 사랑으로 발전해나가는 힘을 발휘하게 한다.

하지만 이는 드라마니까 가능하다. 예쁘고 고상한 이미지의 연예인이 주인공인 드라마에서나 가능한 일이지 현실을 사는 평범한 여자가 신분의 격차를 뛰어넘는 남자와 결혼하는 일이 가능한지를 객관적으로 생각해보아야 한다.

드라마의 여주인공이 푹 퍼진 아줌마 스타일인가? 머릿속이 온통 허황된 환상만으로 가득 찬 여자인가? 그렇다면 나는 과연 드라마에 나오는 여주인공 자격이 있는가? 결혼에 대한 환상이 지나치게 허황되지는 않았는가? 스스로 신분 격상하기에 자격이 많이 미달되지는 않는가?

자신을 파악해보지 않고 꿈만 꾼다면 팔자 타령만 늘어놓게 된다. 드라마 같은 해피엔딩을 바란다면 그 꿈을 위해 노력해보아야 하지 않을까.

Point

"어떤 결혼을 하고 싶냐?"는 질문에 '결혼식'에 대한 환상을 이야기하는 사람이 많다. 예를 들어 베라왕 드레스를 입고, 티파니 반지를 끼고, 식비만 1인당 10만 원이 넘는 고급 호텔에서 결혼하고 싶다는 생각 말이다. 하지만 이 질문에 대한 답은 어떤 남자를 만나 어떤 결혼생활을 하고, 어떤 미래를 꿈꾸는지가 되어야 한다.

환상과 현실의 차이를 직시해야 현명한 결혼생활을 이루어나갈 수 있다. 꿈만 꾸면 허무한 아침을 맞게 되지만 꿈을 이루려는 노력은 꿈을 잡는 아침을 보게 만든다.

02
달콤 쌉싸름한
연애와 결혼

모든 사랑은
다음에 오는 사랑에 의해서 정복된다.
  _오비디우스 Publius Naso Ovidius

　사랑에 빠지면 그 남자의 모든 행동이 귀여워 보이고 사랑스럽게 느껴진다. 단점도 그 사람의 장점으로 보인다. 때문에 결혼한 후에도 그 사람의 모든 것이 사랑스럽게 보일 것이라고 착각하고, 단점까지 포용해나가며 살 수 있을 거라는 자신감도 갖게 된다. 긴긴 세월을 사랑스럽게만 볼 수 있을까라는 의심은 전혀 하지 않는다.

그대, 여자부터 달라져야 한다

R의 남자 친구 H는 모든 사람들에게 친절하고 잘 챙기는 성격이었다. 그를 보며 R의 가족과 친구들은 결혼 상대로 좋은 남자인 것 같다는 얘기를 해주었고 R은 행복에 젖었다. 남자 복이 있다는 자부심까지 느꼈다.

연애 시절 R은 H가 자신의 여자 친구들에게 지나칠 정도로 친절하게 굴면 가끔 화를 내기도 했다. 하지만 자신의 가족들에게도 잘하는 모습을 보며, H의 성격이 원래 친절해서 그런 건데 괜히 예민하게 굴었다며 별스럽지 않게 넘겼다. 한편으론 자신이 남자 친구를 너무 사랑하는 것이 아닌가 생각하기도 했다.

하지만 결혼 후에는 이야기가 좀 달라진다. H는 결혼 후에도 주변 사람들을 챙기는 것이 의무인 듯 누구든 자신을 필요로 한다 생각이 들면 휴일도 상관없이 달려나갔다. 그런 모습을 보며 '워낙 주변 사람들을 챙기는 남자니까……'라며 아무렇지 않게 넘길 아내가 몇이나 되겠는가.

몇 번은 이런 일들로 싸우기도 했지만 남편의 굳어진 성향이라며 이해하려 노력했다. 그러던 중 문제가 발생했다. H가 다니던 회사 여직원 2명이 자신을 위해 세심하게 배려하는 H를 보며 자신을 좋아한다고 오해하는 일이 생긴 것이다. 그녀들이 H에게 동료 이상의 감정을 느껴 늦은 밤에도 문자메시지나 카카오톡으로 호감을 표현하는 것을 보며 R은 폭발해버리고 말았다.

그러나 남편인 H는 미안해하기는커녕 자신은 그녀들을 도와줬을 뿐인데 이성의 감정을 느낀 여자들이 문제라며, 오히려 그 여자들과 남편을 못 믿는 아내 R이 더 문제라고 적반하장으로 나왔다. 좀 심하다 싶을 정도로 주변 사람들을 챙기는 남편 H의 성향을 알기에 R은 이해해보려 노력하지만 정신적으로 굉장히 힘들다고 한다.

"네 남자 친구는 어쩜 그렇게 매너가 좋고 배려심이 깊으니", "주변 사람들을 잘 챙기니 가정적이고 친정에도 잘할 남자야"라는 말들을 들으며 남편감으로 손색이 없다고 생각했던 H의 장점이 결혼 후에는 오히려 너무 큰 단점으로 드러나게 된 것이다.

또 다른 사례로 K는 맛집, 멋집 들을 찾아다니며 여자 친구를 위해 노력하는 남자 친구 T의 모습에 반해 연애를 시작하고 결혼에 골인하게 되었다. 늘 새로운 곳을 찾아 기분 전환도 해주고 행복하게 해주려는 T의 모습을 보며 자신에 대한 그의 사랑을 더욱 확신하게 된 것이다.

그런데 결혼 후에도 늘 맛집, 멋집을 찾아다니는 남편의 모습을 보며 "가정 경제를 위해 한 달에 한두 번만 가자"며 남편을 달랬다. 알고 보니 아내만을 위해 좋을 곳을 찾아다닌 것이 아니라, 시댁 식구, 친구들과도 맛집, 멋집을 찾아다녀야 사는 맛이 난다는 T를 보며 단순히 '멋있게 사는 남자'라며 포용할 수 있을까? 그가 자신을 위해 좋은 곳을 찾아다닌 게 아니라, 단지 그가 살아가는 스타일이라는 것을 알게 되니 K는 은근히 배신감도 느끼게 되었다.

그러다 보니 맞벌이를 해도 돈이 모이지 않았다. 아내의 월급은 생활비로 쓰게 되고 남편의 월급은 남편의 욕구 충족을 위해 고스란히 지출되기 때문이었다. 화를 내고 싸워봐도 소용이 없었다. 남편은 자신의 문제점이 심각하다고 생각하기보다는 "다 멋있게 먹고 살려고 돈 버는 것 아니냐", "살아가는 철학이 다르다"라고 답할 뿐이었다.

'아이가 생기면 철이 들겠지'라는 생각으로 계획보다 빨리 아이를 낳았지만 남편은 바뀌지 않았다. 시댁에 이야기를 해도 K를 이해하는 것이 아니라 '내조를 잘 못하는 아내'라며 몰아세워 이혼을 심각하게 고민했다고 한다.

간혹 철없는 남편들과 사는 여자들이 "아들 하나 더 키우며 산다"라는 말을 우스갯소리로 하지만, 정작 자신의 일이 된다면 포용하고 인내하며 살지에 대해서는 생각들이 다를 것이다.

연애할 때는 장점으로까지 보이던 그 사람만의 색깔이 결혼 후에도 사랑스럽게 보일지 생각해봐야 한다. 여자가 인내심이 강하고 자신이 남자를 더 사랑해 그 남자의 모든 것을 감싸고 살 수 있다는 의지가 있다면 결혼생활도 어려움 없이 지속해 나갈 수 있을 것이다. 하지만 상상하는 것과 현실은 큰 차이가 있다는 것을 심각히 고려해봐야 한다.

요즘은 결혼 조건으로 여자의 외모보다 직업이나 경제력을 보는 남자들이 많아졌다. 혼자 벌어서는 안정된 가정을 이루기 어려운 시대이다 보니 맞벌이를 하거나 여자 집의 능력으로라도 기반을 닦으려 하는 약은 남자들이 많다. 그래서 조건 좋은 여자를 만나면 오랜 시간 연애를 한 여자를 과감히 버리고 조건이 되는 여자에게 서슴지 않고 달려가는 남자들도 간간이 보게 된다. 이것이 요즘 현실이다.

이런 남자들은 '연애 따로 결혼 따로'라는 관념을 가지고 있다. 자신의 욕구 충족을 이루게 해주는 여자 앞에서는 머슴처럼 딸랑딸랑 충성을 보이지만 자신의 생각대로 욕구 충족이 안 된다면 바로 야수가 되어버리기도 한다. 꼭꼭 숨겨진 야수의 발톱을 결혼 전 발견할 수 있을까? 하지만 여자 스스로 평생 평강공주가 되고자 하는 확고한 신념을 가지고 있다면 큰 문제거리는 되지 않을 수 있다.

경제력이 중요한 가치가 된 시대인 만큼 남자도 능력 있는 여자를 선호한다는 것을 인정해주어야 한다. 여자만 능력 있는 남자를 찾으라는 법은 없는 것이다.

Point

미국 코넬대 연구 결과 사랑에 빠졌을 때 분비되는 도파민, 페니에틸아민, 옥시토신 등의 호르몬은 3년을 넘기지 못한다고 한다. 그리고 남녀가 결혼한 후 애정을 느끼는 기간은 18~30개월 정도라고 한다. 짧은 시간 불타는 사랑이 아니라 시간이 흐를수록 서로를 더욱 이해하고 포용해간다는 생각으로 결혼생활을 잘 유지해나가는 게 현명한 방법이다.

사랑을 받으려고만 하면 결혼생활은 힘들어지지만 자신이 먼저 사랑을 주고 상대를 배려한다면 더욱 행복한 결혼생활을 누릴 수 있을 것이다.

03

왜 남자들은
머리 좋은 여자에게 끌릴까

우리에겐 사랑 그 자체로 충분하다.
마치 목적을 두지 않고 사랑 그 자체의 즐거움을 얻듯이.
_헤르만 헤세 Hermann Hesse

여자들의 사회 활동 참여가 지금처럼 활발하지 않을 때는 돈 많고, 키 크고, 상대의 마음을 쥐락펴락하는 백마 탄 왕자를 이상형으로 꼽는 여자들이 많았다. 그런 남자를 자신의 남자 친구로 만든 여자는 주변 친구들에게 부러움을 받고 구름 위를 걷는 기분을 만끽하며, 무지갯빛으로 가득한 하루하루를 보내고 있는 듯한 착각에 사로잡히기도 했다.

그대, 여자부터 달라져야 한다

또는 보는 눈이 다르니 남이 볼 때는 별 볼 일 없지만 "제 눈에 안경"이라는 말처럼 자신이 볼 때 욕구 충족이 된다면 백마 탄 왕자로 여겨 '이 남자라면 나를 신데렐라로 만들어줄 거야'라는 착각에 빠지기도 한다.

요즘은 여자들이 사회생활을 활발히 하면서 남자들보다 더 큰 야망을 가지고 성공하는 사례들을 심심치 않게 보게 된다. 이런 여자들은 신데렐라를 꿈꾸기보다 '내가 좋아하는 또는 내 스타일의 남자를 만나' 내 능력으로 내 남자를 빛나게 하면 된다고 말하며, 일과 사랑 두 마리 토끼를 다 잡는 '여왕'이 되겠다고 한다.

하지만 아직도 왕자님과의 결혼을 통해 신분 상승을 바라는 여자들도 많은 것이 현실이다. 그래서 백마 탄 왕자님은 어디에 있는가, 왜 내 앞에는 운명처럼 나타나지 않는가라며 푸념하고 팔자 타령을 하는 여자들이 많은 것이다. 왕자님을 만나기 위해 왕자가 관심을 가질 만큼 멋진 모습으로 자신을 만들거나, 왕자가 있을 만한 곳을 찾아보지도 않고 말이다. 백설공주처럼 왕자님이 운명처럼 다가와 잠을 깨우는 상상을 하며 스스로 망상의 꿈에서 깨어나려 하지 않는 여자들이 의외로 많다.

이런 여자들의 바람과는 달리 요즘 백마 탄 왕자님은 동화

그대, 여자부터 달라져야 한다

속에 나오는 것처럼 생각보다 순수하지 않다. 그들도 자신과 격이 맞는 여자들에게 관심을 가진다. 조건이 자신과 맞지 않거나 외모가 부족한 여자는 자신의 신분에 어울리지 않아 품위가 손상된다고 생각하는 남자들이 많은 것이 현실이다. 여자는 착하고 고분고분하기만 하면 된다는 것은 1970년대에 어울리는 생각이다. 집안에서 뒷바라지하는 것이 아닌 남자의 사회적 성공을 위해 힘이 되어줄 수 있는 여자를 배우자 조건으로 내세우는 남자들이 많은 시대라는 것을 인정해야 한다.

남자들의 의식이 변했다면 여자들도 왕자님 같은 남자를 만나기 위해 스스로 그 남자에게 어울리는 사람으로 변해야 기회라도 잡을 수 있을 것이다.

L은 중학교 다닐 때까지 부유하게 살다 아버지의 사업 실패로 고등학교 때부터 갑자기 어려워진 가정 환경에 적응하며 우울하게 살았다. 가정 형편 때문에 전문대를 가야 했고 취업 전선에 바로 뛰어들어야 했다. 집안이 망하지만 않았다면 미대에 진학해 그림을 그리며 유학까지 갔을 것이고, 자신이 원하는 조건의 남자들이 줄을 서게 만들었을 것이다.

아버지의 사업 실패로 자신의 꿈이 깨어졌지만 L은 자신의 인생을 스스로 업그레이드시키겠다고 다짐했다. 퇴근 후에는 이어폰으로 어학을 들으며 몸매 관리를 위해 한강을 걷고 또

걸었으며, 미술 감각과 연관된 사진을 배우기 위해 월급을 쪼개 모아 카메라를 구입하고 회사 동아리 모임에도 가입하게 된다.

그 동아리 모임에는 경영 수업을 받고 있는 사장의 아들이 나오고 있었고 두 사람은 공통된 관심사로 자연스럽게 친분을 쌓을 수 있었다. 결국 사장 아들과 L은 사진을 찍으러 다니면서 연인으로 발전하게 되었고, 부유하게 살았던 L의 품위 있는 모습과 성실함으로 남자집의 반대로 극복할 수 있었다.

L은 잘살았던 때를 그리워하며 푸념하고 부정적인 삶을 살아가는 대신 스스로 자신의 인생을 만들기 위해 노력해나간 것이다. 원하는 것을 이루는 방법은 생각이 아니라 그 희망사항이 현실이 되도록 노력해나가는 것임을 잊어서는 안 된다.

백마 탄 왕자가 나타나기만 기다리다 고개 숙인 해바라기가 되지 말고 왕자들을 만날 수 있는 곳으로 가는 길을 만들어가자. 처음부터 레드카펫을 밟고 갈 수는 없더라도 목표를 이룬 후 걸어가는 길에는 분명히 레드카펫이 깔려 있을 것이다.

신데렐라는 만들어지기도 한다는 것이 자신의 이야기가 될 수도 있다. 그러기 위해서는 '내가 백마 탄 왕자라면 어떤 여자에게 마음이 끌리게 될까?'라고 스스로 질문해보고 그 해답을 찾을 수 있어야 한다. 이상이 높을수록 자기 관리에 더욱

매진해나가야 목표를 이룰 수 있다.

빌 클린턴이 힐러리에게 "나와 결혼하지 않고 대학 때 연애하던 주유소집 아들과 결혼을 했다면 지금쯤 당신은 주유소집 사장 마누라가 되어 있었겠지?" 하며 놀리듯 말을 했다. 이 말에 힐러리는 "아니 아마도 그 남자가 지금 백악관의 주인이 되어 있겠지?"라는 대답으로 클린턴을 한방 먹였다고 한다.

남편에 대한 이상을 가지고 있다면 현재 그 남자가 그런 위치에 있지 않아도 그 남자를 내가 원하는 모습의 남자로 만들 수 있다는 것이다. 현명한 여자라면 언제 나타날지도 모르는 백마 탄 왕자를 기다리지만 말고 스스로가 여왕이 되어 자신이 좋아하는 남자를 부마로 만드는 길을 선택할 것이다.

끌려가는 인생이 아닌 리드해가는 인생에서 행복감을 더 맛볼 수 있다.

04
스무 살과 서른 살의 이상형

연애는 누구나 자신을 속이는 데서 시작하고,
남을 속이는 데서 끝나는 것이 보통이다.
이것이 지상에서 일컬어지는 로맨스다.
　_오스카 와일드 Oscar Wilde

　흔히 이상형을 이야기할 때 대기업이나 공기업에 다녀야 하고, 학교는 소위 'SKY'라 불리는 곳 중의 하나를 졸업해야 하며, 키는 180센티미터 이상에 차는 외제차를 타고 다니는 남자라고 콕 집어서 조건을 말하는 여성들이 많다. 이상형은 이상형일 뿐이라고 여기면 다행이지만, 안타깝게도 자신의 이상형을 고집하며 조금이라도 이와 어긋나면 만남조차 갖지 않는 여성들이 의외로 많다.

물론 속물 같은 생각이라며 순수함과 사랑만을 따지는 여자들도 적지 않지만 외적이나 경제적으로 완벽한 남자가 이상형이고, 그런 남자를 꼭 만나야 한다는 생각을 자신의 신념처럼 여기고 사는 여자들이 의외로 많다는 것이다. 자신의 외모나 스펙 등은 고려해보지 않고 허황된 꿈을 먹고 사는 여자라는 낙인이 찍히는지도 모르고 말이다.

그런데 이상형이 20대, 30대, 40대 나이별로 달라진다는 사실을 알고 있는가? 사람마다 차이는 있지만 대부분의 여자들은 나이별로 조금씩 다른 이상형을 꿈꾼다. 살아가면서 생각이 달라지고 현실에 눈을 뜨기 때문이다.

20대에는 '외모'를 가장 많이 본다. 자신의 마음에 쏙 드는 외모라면 일단 사랑에 빠지고, 조건은 그 다음으로 생각하게 된다.

30대가 되면 외모가 조금 아니더라도(절대 용서 못할 외모가 아니라면) '능력'을 보게 된다. 그 사람의 경제력은 어떤지, 직장이 탄탄한지, 재테크는 잘하고 있는지 등을 보는 것이다. 조금 더 살다 보니 현실적으로 되어가는 것이다.

40대들은 주로 '성격'을 본다. 외모가 좀 떨어진다 하더라도 자신을 편하게 해주고 포용심이 있는 남자라면 평생 함께해도 좋다고 생각하는 것이다. 40대가 되면 남자들이 경제적으로나 사회적으로 어느 정도 자리를 잡게 되는 시기이므로 자신을 편하게 해주는 남자가 최고라는 사실을 직간접적인 경험으로 터득하게 된다. 아무리 돈이 많아도 여자에게 돈을 못 쓰게 하거나 경제력이 좋아도 성격이 까칠해 가계부까지 꼼꼼히 챙기는 남자라면 '사는 게 사는 게 아니다'는 푸념만 나오게 한다는 사실을 나이가 들수록 깨닫게 되는 것이다.

그렇다면 50대는 어떨까. 요즘은 50대 노처녀들도 많다. 노처녀라는 말이 어울리지 않는 나이라고 할 수도 있지만 처녀임은 분명한 사실이다. 50대는 이해심 많고 의지할 수 있는 남자인가를 본다고 한다. 덤덤하게 서로 의지하며 살 수 있는지를 본다는 것인데 살아보니 설렘보다 덤덤함이 서로에게 살아가는 힘이 된다는 것을 경험으로 터득했기 때문은 아닐까.

불혹(사물의 이치를 터득하고 세상일에 흔들리지 않을 나이)을 넘기고 나니 살아가는 것이 무엇인가를 알게 되고 지천명(하늘의 뜻을 안다)의 나이가 되니 부부라는 의미도 다시금 생각해보게 된 결과가 아닐까 한다.

그렇다면 남자나 결혼에 대해 조급함 없이 당당한 20~30대 여성들이 이상적인 배우자감이라고 말하는 조건들 중에서 어

그대, 여자부터 달라져야 한다

떤 것이 진실이고 어떤 것이 오해인지 살펴보자.

1. 좋은 차를 타거나 명품을 좋아하는 남자

이런 남자는 폼생폼사일 확률이 높다. 재벌도 아닌데 이런 것을 즐기는 남자는 자신의 능력이 있어도 가정을 위해 쓰기보다는 자신의 치장을 위해 쓰는 경우가 많아 여자 마음고생을 시킨다. 이런 유형은 자신의 품위 유지를 위해 일확천금을 바라는 경우가 많기 때문에 주식이나 투자 등으로 오히려 가산을 탕진할 가능성이 높다. 이런 남자들은 연애할 때는 여자들의 욕구를 충족시켜주지만 결혼 상대로는 위험수위가 높다.

2. 성격이 화끈하고 리드를 잘하는 남자

여자를 확 휘어잡았다가 때론 부드럽게 대하기도 해 리드 당하는 것을 좋아하는 여자들이 매력을 느끼게 되는 남자다. 연애할 때는 자신의 여자로 만들기 위해 부드러움을 보이지만 결혼 후에는 독선가로 변신할 확률이 높다. 남자다움이 독재자, 폭군으로 변신할 수 있다는 것을 생각해보고 취중의 모습이나 주사를 잘 살펴보자. 예상치 못한 상황에 보이는 모습도 놓치지 말아야 한다. 하지만 처음 봤을 때처럼 여자를 잘 이끌어갈 타입일 수도 있으니 섣불리 판단하지는 말라.

3. 세심하게 모든 것을 챙겨주려는 남자

여자들 중에는 애정결핍증 환자처럼 자신을 늘 챙겨주고 관심 가져주는 남자에게 빠지는 이들이 있다. 지나치다 싶게 연락하고 관심을 주는 행동에 애정을 그리워하는 여자들은 자신에 대한 사랑이 깊다고 착각하기도 한다. 그런데 이런 남자들은 결혼 후에도 아내의 일거수일투족을 수시로 체크하고 의처증처럼 여자를 정신적으로 힘들게 할 가능성이 높다. 또한 아내를 체크하는 것처럼 가계부까지 직접 체크해야 직성이 풀리는 성격이라 아내를 황당하고 피곤하게 만들기도 한다.

물론 사랑으로 아내와 가정을 세심히 챙기는 남자라면 남편감으로는 더할 나위 없이 좋은 사람이다. 전자인지 후자인지 잘 살펴보도록 하라. 항상 가능성은 있다는 것을 배제하지 않도록 해야 한다.

연애는 이상형과 즐기되 결혼할 때는 현실적인 상황을 고려해 남자를 선택해야 한다. 낭만에 빠져 이상형과의 결혼을 선택한다는 것은 스스로 불행의 무덤을 파는 꼴이 될 수도 있다. 연애하다 헤어지면 아픔만 남지만 결혼한 후 헤어지면 이혼이라는 딱지를 평생 붙이고 살아가야 한다. 게다가 자식까지 있다면 그 아픔은 혼자만의 아픔으로 끝나지 않는다.

Point

자신이 만들어놓은 이상형 탓에 좋은 남편감을 놓치는 경우가 많다는 것을 알아야 한다. 이상형은 나이가 들면서 바뀐다. 살다 보면 전혀 생각하지도 않고 있던 유형의 남자가 이상형으로 자리 잡게 되기도 한다.

살아온 날이 많은 대부분의 여자들이 "나도 20대에는, 30대에는 그런 남자가 내 이상형이었다"라고 말하기도 한다. 죽을 때까지 이상형이 바뀌지 않는 여자는 아주 극소수다.

자신보다 더 살아본 여자들의 말에 귀를 기울이자. 그들의 얘기에서 잘못된 결혼이라는 큰 실수를 피해가는 방법을 찾을 수도 있다.

05
우리들의
결혼 적령기

질투는 늘 사랑과 함께 탄생한다.
그러나 반드시 사랑과 함께 사라지지는 않는다.
_라 로슈프코 La Rochefoucauld

 요즘에는 서른 살이 넘었다고 노처녀 소리를 듣거나 결혼에 대한 압박을 많이 받지 않는다. 하지만 1990년대까지만 해도 20대 중반을 넘으면 혼기를 놓친 여자 취급을 받기도 했다. 그러다 보니 고등학교를 졸업하고 바로 결혼하거나 사회생활을 시작하자마자 결혼을 서두르는 추세였다. 신부 수업이라는 것을 따로 받기도 했던 시대였다. 요즘도 가풍을 따지는 집안은 대학교를 졸업한 딸을 직장으로 보내지 않고 신부 수업을 시킨다고 하지만 이건 극소수의 이야기다.

여자들이 사회적 성공을 이루는 것이 보편화된 현 시대는 좋은 집안의 여자들도 사회생활을 결혼만큼 중요하게 여긴다.

20대 중반을 넘기면 혼기를 놓친 것으로 생각했던 시절에는 맛보기 사회생활이나 시집을 잘 가기 위한 수단으로 회사에 들어가기도 했다. 물론 요즘도 그런 경우가 있지만 1990년대 중반까지는 거의 그랬다.

노처녀 소리 안 듣고 인생의 목표인 결혼에 골인한 후 몇 년을 살다 보니, 처음부터 잘못 끼워진 단추라는 후회가 들 때도 경제적 능력이 없어서 참고 살아야 하는 여자들이 많았다. 참다 참다 못 견디는 여자들은 40대가 넘어 이혼을 결심하지만 사회생활을 접은 지 너무 오래되어 직업을 찾기 어려워 경제적 어려움을 호소하기도 한다. 여자들이 사회적·경제적 능력을 갖추게 된 것이 이혼율 상승의 원인이라고 한다. 세상을 많이 살아본 어른들은 '그래도 여자는 남자의 그늘에 있어야 행복한 것'이라고 말하지만 경제적·사회적 능력이 있는 여자들은 구세대의 고리타분한 말이라고 외면해버린다.

하지만 나이 지긋한 분이 말해주는 것은 직접 경험했거나 주변 사례들을 통해 간접 경험한 사실이므로 헛소리로 흘려들을 것만은 아니다. 남자를 경험하지 않고 결혼을 위한 결혼을 한다면, 특히 현모양처를 꿈꾸는 여자들에겐 결혼이라는 단어가 인생의 적이 되고 말 수도 있다.

집안끼리 서로 잘 알아 결혼 조건을 맞추고 결혼하거나 연애를 했지만, 한 남자만 알고 결혼하면 후회하게 되는 경우가 많다. 현실 감각이 뛰어나 현실 적응이 잘되는 여자라면 남편의 가족이나 남편에게 맞추며 살아갈 수는 있다.

하지만 가장 어려운 것이 사람의 마음을 바꾸는 것이기 때문에 '이 남자는 정말 아니다', '연애 상대로는 좋지만 남편감으론 50점 미만이다'라는 생각을 굳히게 되면 마음을 닫아버리고 소통의 단절로까지 이르게 된다.

상대적으로 많은 남자들을 사귀어본 여자들이 결혼에 대한 후회와 상실감을 적게 느낄 확률이 높다. 이는 명품을 살 때 다양한 물건을 보고 난 후에 심사숙고하고 선택하듯이 많은 남자들을 만나보며 자신의 선택에 대해 신중히 제고하기 때문이다.

그렇다고 이 남자 저 남자 헤프게 사귀라는 것이 아니다. 연애와 결혼은 엄연히 다르고 한두 해가 아닌 평생을 한 남자와 살아야 하는 결혼을 결정할 때 연애 감정이나 조건만 생각하면 오랜 시간 지나지 않아 후회하게 된다. 잘못 선택해 구입한 명품을 반품할 수도 없고 그냥 가지고 있을 수도 없는 그런 혼란스러움과 같은 정신적 고통을 경험하게 된다는 뜻이다. 얼마나 자세히 따지고 생각해서 고른 명품이냐에 따라 후회하느냐 혹은 만족하느냐가 결정되는 것처럼, 심사숙고해서 따진 남자일수록 그에 대한 후회나 배신감의 확률을 줄일 수 있다. 후회로 인한 정신적 고통은 당연히 상대에게도 전가되고 부부 사이에 금이 가게 되는 것은 너무나 뻔하다.

"돌다리도 두들겨보고 건너라"는 말처럼 결혼은 쉽게 물릴 수 있는 것이 아니므로 물에 빠질 위험이 없는지 돌 하나 하나를 잘 두들겨보아야 한다. 잘못 건너간 강은 그 깊이와 넓이에 따라 다시 돌아갈 수도 없고, 강에 빠져 허우적거릴 때 누군가 구조해줄 수도 없는 암담한 현실에 봉착해버리게 된다. 사람을 잘못 본 실수로 당한 어려움은 누가 도와줄 수도 없다.

꼬일 대로 꼬여버린 실타래는 잘라낼 수밖에 없다. 이혼녀의 딱지가 큰 결점은 아닌 시대가 되었다고 하지만 아직도 이혼녀의 타이틀을 가진 여자들에게 사회가 관대하지 않은 게 현실이다. 능력이 있어도 뭔가 장애가 있는 여자로 낙인찍히게 되는 경우가 많은 것이 아직 한국 사회에서의 이혼녀라는 딱지다.

여러 조건이 내 이상형과 딱 맞고 그 사람과 빨리 결혼을 안

하면 인생의 로또 당첨을 놓치는 것과 같다는 자신감이 생긴다면 후회하지 않도록 결혼을 서둘러야 한다. 하지만 그렇지 않다면 연애 상대가 아닌 남편감으로는 어떤 남자여야 해피엔딩의 스토리를 만들 것인가를 곰곰이 잘 따져보는 시간적 여유와 눈을 갖는 연륜이 필요하다. 직접 연애를 하지 않더라도 주변의 사례를 통한 간접 경험으로 남자 보는 눈을 갖게 될 수 있다. '필(feel)'을 중시하는 나이에는 자신의 필이 꽂히는 것에만 관심을 가져 다른 중요 사항들을 놓치게 되는 실수를 범하게 된다. 스스로 자신의 인생에 후회와 불행이라는 단어의 흔적을 남기지 않도록 심사숙고해야 한다.

Point

너무 이른 나이에 결혼을 하면 현실적인 면보다 환상에 젖어 남자를 고르게 되는 실수를 범하기 쉽다. 연애 감정의 연장으로 생각하며 깨소금 볶는 결혼생활을 상상하다 현실에 부딪히면 후회와 배신감에 눈물을 쏟기도 한다. 결혼에 대해 스스로 준비가 되어 있는지를 되돌아보지 않고 말이다.

그대, 여자부터 달라져야 한다

여자가 원하는 모든 것을 해주는 남자는 없다. 어딘가에 아주 극소수의 바보 온달이 남아 있을 수도 있겠지만. 어린 아내의 보호자 노릇도 연애 때나 즐겁지, 결혼한 후에는 더불어 사는 파트너의 모습을 상대방에게 원하는 것이 결혼과 연애의 차이다.

또한 나이가 들면 수용하고 이해할 수 있는 것들이 어린 나이에는 상상할 수 없는 일, 감당하기 어려운 일이 될 수 있다는 것을 생각해보고 결혼을 위한 결혼생활은 불행으로 마무리될 위험이 높다는 것을 잊지 말자.

06
결혼만 하면
다 될 줄 알았어

연애의 비극은 죽음이나 이별이 아니다.
두 사람 중 어느 한 사람이 이미 상대방을
사랑하지 않게 된 날이 왔을 때다.
_서머셋 몸 William Somerset Maugham

'취집'이라는 신조어가 있다. '취업+시집'을 합성한 말로 취업이 힘드니 결혼이나 하자며 급하게 결혼으로 눈 돌리는 여성들의 모습을 설명하는 신조어다. 즉, 시집을 가는 게 곧 취업이 된다는 뜻이다. 이러한 말이 생겨나게 된 이유로는 취업이 생각보다 쉽지 않기 때문도 있겠지만, 결혼을 현실에서 도피하는 피난처로 생각하기 때문이다.

F는 아버지가 돌아가시자 가세가 기울어 직장생활을 하며 동생들 뒷바라지에 생활을 책임지는 가장이 되었다. 동생들이 대학 졸업을 했으나 직장을 구하는 중이고 몇 년간 가장 생활을 해온 것이 힘겹고 지겨워 도피하고 싶다는 생각을 늘 하고 있었다. 돈을 벌어도 자신을 위해서는 무엇 하나 제대로 살 수 없는 현실이 너무 지겹고 지친 것이다.

그러던 중 오랫동안 친구로 지내온 남자가 프러포즈를 해왔다. F는 결혼을 하면 더 이상 가장으로서의 힘겨움은 없으리라는 생각으로 지친 마음을 훌훌 털고 싶어 고백을 받아들인 지 3개월 만에 결혼하게 된다.

처음에는 가족들과 떨어져 사는 것이 마냥 행복하기만 했다. 게다가 직장도 그만두고 남편이 벌어오는 돈으로 집에서 살림하고 문화생활을 즐기며 여유로운 삶을 즐겼다. 주말마다 남편과 국내외로 여행을 가며 행복을 만끽하고 있을 무렵, 뒤늦게 남편의 씀씀이가 무척 크다는 사실을 깨닫게 되었다. 알고 보니 남편은 품위 유지비라는 명목으로 월급을 고스란히 다 쓰고 있어 저축은 조금도 하지 않고 있었던 것이다. 결국 F는 결혼한 지 6개월 만에 생활비를 벌기 위해 다시 취업을 해야 했다.

하지만 이 모든 상황에 대해 남편만 탓할 수는 없는 노릇이었다. 알고 보니 남편은 결혼하기 전부터 씀씀이가 헤펐고 경제 관념이 전혀 없었다. 자신을 위해 돈을 쓰는 남자를 보며 받아보지 못하며 산 세월들을 보상 받으리라는 착각 속에 빠진 F의 문제가 컸던 것이다. 현 생활에서 벗어나기 위한 방법으로 결혼을 선택했던 조급함이, 신중하게 남자를 따져보지 못하게 만든 가장 큰 요인이었다.

가정을 이루는 것에 대해 신중하게 생각하지 않고 그저 현실 도피의 수단으로 결혼을 선택한 여자에게는 결혼이 또 다른 올가미가 될 수 있다. 결혼한다고 삶이 마냥 편해지는 것은 아니기 때문이다.

이 순간을 벗어나고 싶다는 생각만큼 위험한 것도 없다. '결혼을 하면 지금 내 상황이 바뀔 것이다'라는 상상은 앞뒤 따져볼 여유를 갖지 못하게 만든다. 급할수록 돌아가라는 말이 있듯이, 현실을 도피하고 싶다면 더 힘겨운 날들이 오지 않기를 희망하는 마음으로 더욱더 신중히 따져보고 결혼에 대해 고민해봐야 한다.

결혼하기 전 이 세 가지만이라도 신중하게 고민해보자.

1. 나와 가치관이 맞는 사람인가

미래에 대한 계획이나 살아가는 철학이 맞는가를 따져봐야 한다.

먹고 쓰는 재미로 살지만 미래 대책은 하면서 살고 있는지, 주변 가족들도 중요하지만 새로이 꾸린 가정을 먼저 소중하게 생각하는지 등 사는 방식에 대한 철학으로 자리 잡은 것들이 서로 잘 맞아야 한다.

다른 환경에서 20년을 넘게 살아온 사람들의 가치관이 똑같을 수는 없다. 그러나 다르지만 완전 상반되지 않다면 서로가 조율해나갈 수는 있다. 서로가 다른 방향을 보고 살아간다면 해가 아닌 어둠을 보게 될 것이 뻔하다.

연애 시절 만끽한 즐거움의 연속이 결혼은 아니다. 살아가는 방식이 다르다면 함께 즐거워할 수 없고 서로에게 괴로움과 힘겨움을 주게 된다. 서로가 맞출 수 있는 범위의 가치관을 가지고 있는지는 아주 중요한 사항이다.

2. 남편으로서 믿고 의지할 수 있는 사람인가

평생 믿고 의지하며 고민과 역경을 함께 풀어나갈 수 있는 책임감 있는 남자인지 살펴봐야 한다. 결혼생활을 하다 보면 생각보다 많은 위험과 갈등에 맞닥뜨리게 된다. 이를 해결할 사람은 아내와 남편, 단 둘이다.

아내에게만 의지하거나 어려운 일을 전가시키려는 남자는 가장으로서의 역할을 제대로 수행해나가지 못한다.

부모님 뒤에 숨거나 부모님에게만 의지하려는 남자는 남편으로서의 역할을 피하려고 한다. 가장으로서 가정을 돌보고 시댁과의 갈등이 있을 때도 중간역할을 잘해주는 남자가 아내의 마음에 상처를 남기지 않는다. 서로가 노력해야 하지만 남편이 가정의 든든한 디딤돌 역할을 해줘야 결혼생활은 잘 유지될 것이다.

3. 결혼이라는 선택을 책임질 수 있는가

결혼은 혼자의 노력으로 이루어나갈 수 없다. 남자에게만 결혼에 대한 책임감을 강요하는 것은 부당하다. 여자도 아내로서 가정을 잘 이끌어가야겠다는 책임감이 있어야 한다. 마음에 안 든다고 환불을 요구하거나 바꾸어 달라고 떼를 쓸 수 없는 것이 결혼이다. 등 떠밀려 결혼한 것이 아닌 자신이 선택한 남자라면 더더욱 그렇다. 각자의 역할을 잘 수행해나가고 상대에 대한 배려와 믿음을 가지려고 노력하는 것이 불화나 불행의 씨앗을 만들지 않는 길이다.

성별과 부모는 결정할 수 없지만, 결혼만큼은 자신이 선택하고 책임져야 한다. 그렇기 때문에 그만큼 신중해야 하고 마음과 경제적으로 많은 준비를 해야 한다. "급할수록 돌아가라"는 말이 있다. 힘들고 괴로울수록 상황을 더욱 냉정하게 판단해야 한다. 현실에서 도피하고 싶다는 간절함은 때로는 한 치 앞도 못 보게 만든다. 잔잔한 바다일수록 큰 파도를 동반하게 된다는 사실을 잊지 말자.

결혼을 위해 남자를 택한다는 생각은 자신의 인생에 오점을 남기게 할 수 있다. 홧김에 해버린다는 것은 더 큰 화를 불러 일으킬 수 있다는 것이다.

Point

어떤 상황이든지 현실 도피형 결혼은 남자나 결혼생활에 대한 세심한 파악이나 조심성이 결여되기 쉬운 것이 사실이다. 일단 현 상황을 벗어나자는 생각이 앞서게 되면 그만큼 위험성이 높아지게 된다. 높은 산을 넘었는데 평탄한 평야가 아닌 더 높은 산이 앞에 펼쳐져 있을 수도 있다. 한치 앞을 볼 수 없는 인생도 이와 같은 것이 아닐까.

  정확한 미래를 볼 수는 없지만 현재 판단과 처신이 미래를 감지해낼 수는 있으므로 도피하겠다는 마음보다는 내 인생을 개척해 나간다는 생각으로 시작해야 행복한 결혼을 맞이할 수 있다.

07
연애에도
오답노트가 필요하다

남자의 사랑은 그 일생의 일부요.
여자의 사랑은 그 일생의 전부다.
_바이런 Baron Byron

　문제를 많이 풀어본 사람이 정답을 잘 찾는 법이다. 그리고 틀린 문제를 한 번 더 짚고 넘어가야 다음에 똑같은 실수를 저지르지 않는다. 그래서 우리에게는 오답노트가 꼭 필요하다.
　인생도 마찬가지다. 실패해본 사람일수록 실패를 보는 눈과 피해가는 방법을 잘 터득하게 된다. 누구나 한두 번씩은 큰 실수를 하게 되지만 직간접 경험을 많이 해본 사람일수록 실패

율을 줄일 수 있다. "실패는 성공의 어머니"라는 말도 있지 않은가?

하지만 요즘같이 발전의 속도가 빠른 시대에 "실패는 성공의 어머니"라는 말을 위안 삼아 안이하게 있으면 오히려 시대에 역행하게 되거나 다시 일어서기 어려운 지경까지 가게 될 수 있다.

사랑도 다를 게 없다. 큰 실연의 아픔을 맛본 여자들은 마음의 문을 닫게 되어 사랑, 행복을 스스로 놓고 있다는 것을 간과하지 못하고, 그저 진짜 사랑을 하고 싶다는 상상과 팔자 타령만 한다.

하지만 가벼운 연애 실패는 나쁜 남자를 구별하는 안목을 갖게 해준다. 주변의 연애 실패담도 남의 일이거니 지나쳐버리지 말고 '내게 그런 일이 생겼다면?' 하고 가정해보는 것도 도움이 될 것이다. 그래야 나와 상관없을 것이라 생각했던 연애담의 주인공이 되었을 때 어떻게 처신해야 하는지 알 수 있다.

한치 앞도 알 수 없는 것이 인생이고, 누구에게나 아픔이나 실패의 이야깃거리가 생길 수 있다. 이런 사실을 인정하지 않고 맑은 물에서만 살 것이라는 환상은 더 좋은 인연을 생각하는 여유를 갖지 못하게 만든다.

너무 큰 실연의 아픔으로 평생 마음을 닫고 사는 여자들도 꽤 있다. "자라 보고 놀란 가슴 솥뚜껑 보고도 놀란다"는 말처럼 사랑 때문에 생긴 상처는 사랑을 기피하게 해 좋은 남자를 알아보지 못하게 만들기도 한다. 사랑의 병은 사랑으로 치유할 수 있는데 사랑을 멀리하려 들어 스스로 병을 더 악화시키는 것이다.

그러다 보면 너무 큰 상처로 사랑, 더 나아가 결혼이라는 단어를 자신의 인생에서 배제해버리고 사는 여자들도 간혹 본다.

상대방을 아무리 사랑한다 해도 결혼으로 이어지지 않으면 관계는 끝을 보게 된다. 하지만 아프게 끝난 사랑도 어떻게 받아들이고 이겨내느냐에 따라 앞으로 다가올 사랑이 달라질 수 있다. 그러니 사랑에도 오답노트가 필요한 법이다. 연애 실패로 '내게는 좋은 남자가 나타나지 않을 것이다'라는 극단적인 생각을 갖고 마음을 닫고만 있어서는 안 된다. 그 실패로 남자 보는 눈이 좀 더 정확해지고, 행복한 결혼을 위한 정답에 가까운 답을 얻게 되게 되었다고 생각해보자.

그렇다면 어떤 연애가 좋은 연애이고 사랑일까? 그리고 어떤 남자를 좋은 남자라고 할 수 있을까?

일단 좋은 남자는 상대적일 수 있다. 어린 나이에 연애할 때는 서로 부족한 점을 채우려고 노력하기보다는 자신에게만 맞추려고 한다. 그래서 자신의 이상형에서 조금만 벗어나도 '나

뻔 놈'으로 분류하고 스스로 아픔을 자청하기도 한다.

그런데 내게는 아주 '나쁜 놈'이었던 그 사람이 다른 여자에게 간 후 '좋은 놈'으로 바뀌기도 한다. 그걸 보며 '내게는 나쁜 놈이었는데 다른 여자에겐 좋은 놈이 되다니' 하며 진짜 나쁜 놈이라고만 몰겠는가.

내 남자에 대한 가치관과 평가의 고집스러움이 좋은 놈이 될 남자를 나쁜 놈으로 만든 게 아닐까 하고 다시 한 번 생각해보는 여자들은 거의 없다. 다른 여자에게 좋은 놈이 된 남자를 죽일 놈이라며 자신의 가슴을 쥐어 뜯고 욕만 늘어놓을 뿐이다.

모든 인간관계가 그렇듯 남녀관계도 상대적이다. 오죽하면 "남자는 여자하기 나름이다"라는 말이 있겠는가. 내가 어떻게 했는지에 따라 '나쁜 놈'을 만들기도 '좋은 놈'을 만들기도 한다. 그러니 만약 과거에 '나쁜 놈'을 만났더라도 무작정 욕부터 내뱉지 말고 둘 사이의 관계가 어땠는지, 내가 어떤 연애를 했는지 한 번쯤 뒤돌아보는 것도 필요하다.

이것이 같은 연애의 실수나 실패를 줄일 수 있는 방법이다. 하지만 아무리 생각해도 본성부터 '나쁜 놈'이었다면 그 경험을 토대로 다시는 똑같은 실수와 실패를 저지르지 않으면 된다.

연애는 실패할 수도 있고 성공할 수도 있다. 실패가 두려워서 연애를 피하기만 할 것인가? 지금 만나는 이 사람이 '좋은 놈'인지 '나쁜 놈'인지 알 수 없어서 연애가 두려운가?

그렇다면 '연애란 좋은 남자를 고르는 법을 공부하고 터득하는 것'이라고 생각해보자. 이런 철학은 아픔보다 안도의 한숨을 쉬게 하는 여유를 갖게 해준다. 또한 좋은 남자를 놓치는 실수를 범하지 않게 할 수 있다.

첫눈에 반해 오직 한 남자만 사랑하며 사는 여자도 아주 간혹 있다. 이런 여자들 중 다른 남자를 만나보지 못한 것을 후회하지 않고 사는 여자들도 극소수 있기는 하지만, 다른 연애를 해보지 못한 것을 후회하는 여자들이 더 많다. 해보지 않은 것에 대해 후회하며 사는 것이 인생이기도 하다.

누구나 살아가는 방식과 가치관이 다르기에 만남이 길어질수록 상대방에게 불만을 가지지 않을 수는 없다. 그러나 그저 불만 정도의 수준인가? 아니면 살아가는 가치관의 차이인가? 그것도 아니면 절대 조율할 수 없는 문제인가? 이에 대한 답을 시간을 두고 살펴보며 점검해나가는 것이 좋다.

만약 '절대 아니다'라는 생각이 든다면 과감히 정리해버리라. '그때 정리했어야 했다'라는 후회는 더 큰 아픔과 더 좋은 사람을 놓치는 인생의 가장 큰 실수를 만든다. '끝낼 것까진 없었는데'라는 후회 또한 자신의 인생을 망칠 수 있다. 여러 남자들을 만나보면서 정답에 가까운 남자를 찾아내는 것은 바람둥이가 아닌 행복과 굴곡 없는 인생을 만들어가는 길이다. 어차피 인생, 남자에 대한 정확한 정답은 없다.

수학문제처럼 딱딱 떨어지는 답은 없는 것이 인생이고 특히 남녀 관계다. 자신의 잘못된 행동과 철학 때문에 좋은 남자를 나쁜 남자로 만들고, 스스로를 남자 복이 없는 여자로 전락시키다는 사실을 많은 여자들은 모르고 있다.

평생 봐야 하는 남자에게서는 시간이 갈수록 좋은 모습보다는 마음에 안 들거나 짜증나는 모습을 더 많이 발견하게 된다. 그것을 극단적으로 나쁜 남자, 나와는 상극인 남자로 치부해 버리는 것도 문제다.

진실성이 있고 삶의 목표가 뚜렷한 남자라면 성격상 작은 문제를 심각하게 확대시키지 말자. 자신의 성격은 돌아보지 않고 남자 성격의 문제점만을 따진다면 어떤 남자와도 오랜 시간을 같이하는 것은 힘들 것이다.

투정을 부리는 것과 자신의 아집을 부리는 것은 다르다는 것을 알아야 한다. 자신의 아집이 일을 그르치는 가장 큰 원인이 될 수 있다.

실연의 아픔을 안고 사는 여자들이여! 더 큰 아픔을 겪지 않는 인생을 만들어가는 과정이라 생각하고 혜안을 갖자. 더 좋은 남자를 만나는 과정이라고 생각하라. 헤어짐을 통해서 조금 더 성숙해지고, 인생을 배워가는 것이 중요하다.

정답은 없지만 정답에 가까운 답을 찾아내는 것이 답이 없는 인생을 잘 살아가는 방법이다.

Point

인생에는 정답이 없는 것처럼 연애와 결혼에도 정답은 없는 듯하다. 누구나 실패하고 후회도 하며 살아간다. 그럴 때는 주변 사람들의 실패담에 귀를 기울이거나 본인의 연애에 있어 다음과 같이 실수한 점들을 정리해서 문제점을 세심히 살펴보는 것이 무척 중요하다.

- 남자를 따지는 기준에서 문제점은 무엇인가.
  (외모, 경제력, 성격 등 하나에 너무 집착하지는 않는가)
- 연애 시 남자에 대해서만 추궁하고 내 의도대로 움직이려 하지는 않았는가.
- 싸움의 주된 이유는 무엇이었는가.
- 자신의 감정 기복이 관계에 문제를 일으키지는 않았는가.

· 주기보다 받으려 하는 것에 예민하지는 않았는가.

이런 식으로 연애 실패에 대한 것들을 정리해보면 똑같은 실수를 반복하지 않게 될 것이다.

08
나의 연애는
왜 항상 아플까

사랑의 첫 번째 의무는
상대방에 귀 기울이는 것이다.
_틸리히 | Paul Tillich

 '나쁜 남자는 매력이 있지만 결혼 상대로는 위험하다'는 말이 생기면서 아주 나쁜 남자에는 못된 남자, 몹쓸 남자라는 강한 단어가 붙게 되었다.
 나쁜 남자는 시크해 보이며 여자에게 무관심한 듯 행동해 여자의 애간장을 태운다. 연애를 시작해도 착한 남자로 바뀌지 않는다. 갑자기 연락을 끊기도 하고 여자가 자신의 말을 잘

들어야 한다는 식으로 길들이려고까지 한다.

이런 남자들에게 길들여진 여자들은 '다시는 나쁜 남자를 만나지 않으리라' 다짐하지만 새롭게 만나는 남자도 나쁜 남자일 확률이 높다. 나쁜 남자에게 빠졌던 여자들은 순종적이고 '착하니즘'에 빠진 듯한 남자들에게는 매력을 느낄 수 없기 때문이다.

O는 오토바이를 즐겨 타며 늘 자유를 꿈꾸는 듯한 남자인 H를 만났다. 자신만의 삶을 즐기며 여자들에겐 관심이 도통 없어 보이는 H는 '남자들이 줄서게 만든다'며 은근히 남자에게 자신만만한 O의 관심을 끌었다.

H와 친한 친구가 O의 친구 오빠이기에 O는 H와 자리를 자주 마련하게 만들었다. 그리고 자신도 스피드를 즐기고 싶다는 핑계로 H의 즐거움에 동참하며 데이트를 즐기다가 어느덧 연인이 되었다.

O는 여자들의 애간장을 태우게 만드는 H가 자신의 남자가 되었다는 것에 행복감을 느끼며, H가 자신을 무시하는 듯한 행동을 해도 멋있다 생각하고 H에게 착한 여자가 되어갔다. '이 남자를 완전한 내 남자로 만들어야겠다'는 다짐을 하고 콩쥐처럼 착하고 말 잘 듣는 여자가 되려고 노력했다.

하지만 며칠씩 연락을 끊다가 갑자기 나타나곤 하는 H에게

O가 짜증을 내며 불만을 이야기하면 "연락이 안 되면 동호회에서 지방에 간 걸로 알면 되지", "왜 이리 피곤하게 만드냐"는 핀잔만 돌아올 뿐이었다.

H가 친구 오빠와 친한 친구이기에 H가 여자들에게 무관심한 듯하나 여자들이 너무 많이 따라 자주 어울리는 여자들이 한두 명이 아니라는 말을 O는 걱정스러워 하는 친구를 통해 듣게 되었다.

'나도 남자들 줄서게 하는 여자라고' 하는 오기로 H를 잡으려 했지만 사람이란 잡으려 하면 더 튕기고 도망가는 성향이 있다. 사랑싸움도 줄다리기를 하다 서로가 줄을 느슨하게 만들어줘야 화해 분위기가 만들어진다. 하지만 호소에 가까운 투정을 해도 한 귀로 듣고 한 귀로 흘리는 H에게 O 혼자 가슴앓이를 하다 지쳐 결국 결별을 선언하게 된다. '다시는 나쁜 남자들과는 사귀지 않을 것이다'고 다짐했지만 다시 만난 L도 나르시시즘에 빠진 남자인지 전생에 왕자가 못되어 이생에서 한을 풀려 하는 것인지 O를 또 무수리 취급하는 것이다.

"난 왜 이리도 남자복이 없는지……", "전생에 남자들에게 나쁜 짓을 많이 해 이생에서 그런 남자들만 만나나?" 하며 한숨을 짓지만, O는 자신이 왜 그런 남자들에게만 눈을 돌리게 되는지는 생각해보지 않았다.

승부욕도 있고 강해 보이는 O는 착한 스타일의 남자에게서는 남자의 냄새를 전혀 느낄 수 없었던 것이다. 나쁜 남자에게서만 남자다운 매력을 느끼는 자신의 문제점을 파악한다면 남자 보는 눈을 바꿀 수도 있을 것이다.

'나쁜 남자'라는 유행어가 생기며 정말 나쁜 남자들에겐 못된 남자, 몹쓸 남자라는 수식어를 붙이게 되었다. 나쁜 남자와는 다소 차이가 있다. 아주 비슷해 보이지만 나쁜 남자는 여자들의 마음을 졸이며 설레게 만드는 반면 못된 남자, 몹쓸 남자들은 여자에게 해를 끼치기도 한다.

나쁜 남자들은 여자들의 애간장을 태우고 자신의 스타일로 여자를 길들이기는 하지만 여자를 등쳐먹거나 괴롭히지는 않는다. 몹쓸 남자, 못된 남자들은 나쁜 남자와는 달리 여자가 자기에게 넘어왔다는 생각이 들면 야수의 발톱을 하나씩 드러내 보이며 자신의 욕구를 충족시키려 한다.

예를 들면 결혼을 빙자해 미리 돈을 투자하라, 네 것은 내 것이고 내 것도 내 것이다라는 생각을 여자에게 강요하기도 하고, 여자가 말을 안 들으면 안 만나주겠다는 식으로 으름장을 놓기도 한다.

'결혼할 남자니까'라는 생각으로 순응해주다간 잘못하면 비극의 주인공이 되기도 한다. 마음과 몸은 물론 돈까지 뺏기는 삼류 소설이나 주간지에 나오는 이야기의 주인공 말이다.

이들은 멋있는 척 자기 멋에 살며 여자들의 마음을 태우는 나쁜 남자와 비슷해 보일 수도 있지만 질적으로는 다르다는 것을 알아야 한다. 그런데 사랑에 눈이 멀면 몹쓸 남자를 나쁜 남자로 착각한다는 것이 문제다.

나쁜 남자들은 연애하기에는 매력적인 요소가 있다. 비록 자신의 멋을 위해 멋스러운 데이트를 계획하지만 그것을 함께 누리고, 애간장이 타는 주변 여자들을 보며 승부욕도 느낄 수 있으니 말이다. 그러나 이런 남자와 평생을 산다면?

공중 곡예사처럼 떨어질까 늘 아슬아슬한 생활에 가슴 졸이게 될 것이다. 연애 때는 그런 곡예가 스릴 있어 즐거울 수 있지만 평생 동안 그런 스릴을 맛보라면 행복에 겨울 수 있을까. 남자 복이 없는 것이 아닌 남자 보는 눈이 없는 자신의 성향에 대해 심각히 고민해봐야 한다.

결혼은 투기가 아니라는 것을 명심해야 한다. 멋스러움을 즐기는 여자일수록 나쁜 남자, 몹쓸 남자들만 눈에 들어오게 된다.

이런 여자들에겐 순정적이고 순종적인 남자들이 눈에 들어오지 않으니 연애를 할 때마다 실패하고 만다.

겉으로 풍기는 매력만 보려 하지 말고 남자다운 좋은 모습들을 찾아보려고 한다면 남자 보는 눈은 달라질 것이다. '밀당'의 재미를 느끼고 싶다면 여자가 스스로 해도 스릴을 맛보게 되지 않을까.

결혼생활을 하다 보면 사랑 싸움보다 더 어려운 싸움의 관문들이 여기저기 숨어 있다가 나타나곤 한다. 다른 싸움거리를 이기고 갈 수 있는 힘이 둘의 믿음과 사랑이다. 나쁜 남자와 이 관문들을 함께 풀어나갈 수 있을 거라는 생각은 버려야 한다. 자기 생각만 하는 이기적인 면이 많기 때문이다.

어려운 관문들을 함께 헤쳐나갈 남자는 착한 남자라는 것을 가슴에 새겨두고 주변의 착한 남자들을 놓치는 실수를 범하지 않도록 해야 한다.

나쁜 남자들만 만난다며 팔자 타령을 하는 여자들이여! 남자를 선택하는 자신의 성향에 문제가 있는 건 아닌지 한번 되돌아보자.

Point

연애 때는 스릴 있고 줄다리기하는 사랑 싸움이 짜릿하다. 하지만 결혼 후에도 언제 떨어질지 모르는 공중곡예 같은 생활을 하며 이것도 다 추억을 쌓는 거라고 생각할 사람이 있을까.

결혼생활을 하다 보면 사랑 싸움보다 더 다양한 싸움의 관문들을 거쳐야 한다. 나쁜 남자와 이 관문들을 함께 헤쳐나가기가 힘들다. 또한 연애 때 나쁜 남자들은 결혼 후에는 못된 남자로 변할 확률이 높다. 나쁜 남자, 못된 남자들은 다음과 같은 행동 유형을 보인다.

- 여자의 말을 흘려 듣거나 무시해버린다.
- 남자에게 무조건 순종하도록 강요하거나, 여자에게 그 어떤 선택권도 주지 않으려 한다.
- "남자가 하는 일에……"라며 간섭을 차단시키려 한다.

결혼 전에 못된 남자는 결혼 후에도 크게 달라지지 않는다. '남편으로서 좋은 모습으로 변해야지' 하는 남자는 아주 극소수라는 것을 미리 알아두자.

09
지금은 두 눈을
부릅떠야 할 시간

요구하지 않는 사랑,
이것이 영혼의 가장 고귀하고 바람직스러운 경지다.
_헤르만 헤세 Hermann Hesse

성공한 사람은 실패를 해도 같은 실패를 되풀이하지 않고, 성공하지 못하는 사람들은 늘 같은 실패를 하면서 가슴 치고 후회를 하며 삶의 회의까지 느낀다.

누구나 '이러한 것은 정말 싫다'는 가치관을 가지고 있다. 자신의 입장에서 이해가 안 되고 도저히 포용할 수 없는 부분이 있다면 사랑의 감정을 떠나 깊은 정이 들기 전에 정리해야

그대, 여자부터 달라져야 한다

한다는 생각을 하기도 한다. 이런 사고를 가진 여자는 결혼의 실패 확률을 줄일 수 있다.

정 때문에 아닌 것을 알면서도 관계를 지속하는 경우는 남자보다 여자가 많다. 오래 사귀고 정이 들어 순리라는 듯이 결혼을 하고 뒤늦게 '결혼까지는 하지 말았어야 한다'는 후회 속에 불행한 결혼생활을 이끌어간다. "그놈의 정 때문에"라는 말이 있듯이 오래 사귀다 보면 사랑인지 애증인지 정인지 구별하기 어려워지게 된다.

처음에는 눈에 콩깍지가 씌어 남자의 단점을 보기 어렵다. 아니 여자든 남자든 호감이 가는 상대에게 잘 보이려 노력하느라 자신의 단점을 드러내지 않는다. 그런데 오랜 시간 연애를 하다 보면 하나 둘씩 '이건 아니다'라는 생각이 들게 하는 언행들이 눈에 띈다. 그것으로 싸움을 해도 연애 중 누구나 하는 '사랑 싸움'이라며 오히려 "비가 온 뒤에 땅이 굳어진다"는 말이 자신들에게 해당되는 것이라 믿으려 한다.

자신이 가장 싫어하는 부분 때문에 이별한 남자와는 다르게 '이 남자는 이상형은 아니지만 속상하거나 싸움을 만들 일들은 하지 않을 것 같다'는 믿음으로 새로운 남자를 만나지만 또 다른 이해할 수 없는 모습을 보면서 "그래도 구관이 명관이다"라는 명제를 새삼 다시 떠올린다.

'왜 나는 남자 복이 없어 이런 남자들만 만나나' 하며 탄식하는 여자들이 많다. '난 팔자에 남자 복이 없는가' 하며 자신의 팔자 타령을 하는 여자들도 많다. 하지만 그녀들은 그 팔자를 자신이 만드는 것은 아닌지 생각해보려 하지 않는다.

연애하다 보면 알겠지만 싸움은 절대 피할 수 없다. 부부싸움은 칼로 물 베기라고는 하지만, 그 싸움에는 항상 원인이 있다. 그것도 늘 같은 문제인 경우가 많다. 그래서 더 화가 나고 싸움이 커지는 것이다.

지금 한창 연애에 빠져 사랑 싸움을 하는 여자들이여!

싸움의 원인이 무엇이었는지 잘 따져보기를 바란다. 그 문제점은 내 문제일 수도 있고, 상대방의 문제일 수도 있으며, 서로 잘 맞지 않아서 생기는 문제일 수도 있다. 이런 것들 중에는 결혼 후 좋아질 수 있는 것도 있지만, 절대 고칠 수 없는 고질병이 되는 경우도 있다.

만약 그 문제의 원인이 상대방에게 있다면 이런 것들이 있을 수 있다. 예를 들면 술버릇이 나빠서, 말을 함부로 해서, 여자에 대한 배려심이 없어서, 동석한 다른 여자들에게 눈에 거슬릴 정도로 친절해 여자 친구를 바보가 된 느낌을 받게 해서, 거짓말을 자주 해서, 말한 것을 늘 지키지 않아서 등이다.

싸움의 원인을 보면 앞으로의 결혼생활도 보일 것이다. 연애할 때 술 때문에 싸웠으면 결혼해서도 술 때문에 싸울 것이고, 연락 문제 때문에 싸웠으면 결혼해서도 연락 문제 때문에 싸울 것이다. 남자가 결혼하고 나서 바뀔 것이라는 생각은 착각이고 희망사항일 뿐이다. 내 사랑과 내조로 남자를 바꾸게 할 수 있다는 생각은 더더욱 드라마에만 나오는 현실성 없는 이야기일 수 있다. 내가 노력해 바뀌게 하겠다는 아집이 스스로를 더 힘들게 만드는 원인이 될 수 있다는 것을 알아야 한다. 지쳐 포기해 그러려니 하며 살지 않는다면 말이다.

그러므로 항상 같은 문제로 싸운다면, 그 싸움의 원인이 결혼 후에 고쳐질 수 있는 문제인지 신중히 생각해봐야 한다. 만약 남자에게 고칠 의지가 있다면 각서를 받아서라도 다짐을 받고, 조금도 고칠 생각이 없다면 결혼을 다시 생각해보라.

물론 나 자신을 뒤돌아보는 것도 필요하다. 나의 성격에는 문제가 없는지 따져보지 않고 남자 탓으로만 돌리는 여자들이 의외로 많다. 싸움의 원인이 자기 자신에게 있다면 그 원인을 꼭 해결하려고 노력해야만 행복한 결혼생활을 맞이할 수 있을 것이다.

이렇듯 남자나 자신의 문제점을 같이 고민해보고 상대가 가장 싫어하는 것은 하지 않도록 노력하며 조율할 필요가 있다. 하지만 서로가 자신의 입장만 내세우며 절대 바뀌지 않는다면

'정 때문에', '이 남자를 놓치면 결혼을 못 할까 봐'라는 앞선 걱정으로 스스로 불행의 무덤을 파지 않도록 하자. 오랜 시간의 연애를 실패했더라도 더 좋은 사람을 만날 수 있는 기회는 있다. 세상의 절반이 남자이지 않은가. 자신이 남자라는 인간에 대해 눈과 마음을 닫아 남자를 못 만나는 것이다.

좋은 남자를 봐도 좋은 모습보다는 똑같은 남자라고 낙인을 찍어버리는 것이 문제다. 자신만의 기준으로 나쁜 남자라고 단정 짓지 말고, 헤어지고 나면 후회가 더 클 것 같다는 생각이 든다면 포용심을 베풀어 관계를 조율해나가는 것은 어떨까.

헤어지지 않으면 더 큰 아픔과 후회가 남을 것 같다면 과감하고 매정하게 정을 끊도록 하라. 자신의 인생은 자신이 만들어가는 것이지 누군가 만들어주지 않는다. 늘 행복감에 젖어 살 수는 없지만 행복의 틀을 더 크게 만들 수는 있다.

시련의 아픔을 겪고 있는 사람이 '잊으라'는 말을 들으면 더욱 힘들겠지만, 아픔의 상처가 회복되는 사이에 행복의 단어를 새로이 다시 쓰게 될 수도 있다는 것을 알았으면 좋겠다. 지나고 나면 '내가 왜 그리 아파했을까' 하며 뒤도 안 돌아보게 될 수도 있다. 아픔이 클수록 내면은 더 단단해지는 법이다. 아픈 만큼 성숙해지고 남자 보는 눈은 더욱 날카로워질 것이며 현명해질 것이다.

Point

실망스러운 연애를 하고 시간 낭비를 했다고 자신에게는 좋은 사랑, 남자가 나타나지 않을 것이라는 앞선 고민을 할 필요는 없다. 전화위복이라는 말처럼 실패한 연애 경험으로 더 좋은 남자를 고르는 법을 터득하느라 시간을 보내고 마음의 상처를 받았다고 긍정적으로 생각하자. 오래 연애를 했으니 자신과 잘 맞지 않는 부분이 있더라도 결혼을 해야 한다는 생각은 결혼생활의 수명을 짧게 만들고 법적으로 해결해야 하는 아픔까지 동반하게 된다는 것을 잊지 말자.

하지만 쓸데없는 자존심과 이기심에 좋은 남자를 나쁜 남자로 만들고 버리게 되는 것은 아닌지도 신중히 따져보아야 한다.

결혼하기 좋은 여자를 위한
10가지 조언

1. 연애와 결혼의 차이를 인정하라

달콤한 연애의 감정이 결혼까지 이어진다는 착각은 버리라. 결혼은 현실이다. 각자 연애 때 보지 못했던 나쁜 버릇들을 신랄하게 펼쳐 보이는 것이 결혼생활이다. 배신감을 느끼기보다는 현실을 인정하는 것이 결혼생활을 잘 유지해나가는 방법이다. 여자들도 남편에게 적잖은 실망감을 줄 가능성이 높다는 것을 잘 생각해봐야 한다.

2. 문화의 차이를 인정하라

다른 환경에서 살아온 사람들이 함께 사는 것이 결혼이다. 음식 맛의 차이부터 여러 가지 사는 방식의 차이가 나타나는 게 당연하다. 남자는 여자들이 기대하는 것보다 이해의 폭이 넓지 못한 게 사실이다. 남자가 살아온 문화를 인정해주고 적응해나가는 것이 갈등을 줄이는 방법이다. 자신이 살아온 문화를 고집하며 끌어들이려고만 하지 말고 상대의 문화도 인정해주며 조율하도록 해야 한다.

3. '남자는 남자다'라는 것을 인정하라

요즘 남자들이 많이 달라지긴 했지만, 가부장적인 문화가 완전히 사라진 것은 아니다. 가장으로서 남자로서 대우받고 싶어 하는 남자의 심리를 짓밟지 말라. 남자의 가장 깊숙한 자존심이 상하게 되면 오히려 여자에게 내조의 잘못을 따지게 되고 풀리지 않는 신경전을 벌이게 될 것이다. 남자의 기를 살려주어야 가정이 편하다는 것도 잊지 않아야 한다.

4. 남자의 가족을 인정하라

남자 하나 믿고 살면 된다는 생각은 철부지나 하는 것이다. 결혼은 남자만 보고 사는 것이 아닌 남자의 가족들과도 가족 문화를 만들어가는 것이다. 서로의 가족을 인정하고 하나로 만들어가도록 노력해야 한다.

5. '시월드'에 대한 불평을 늘어놓지 말라

'시월드'란 말에 우호적인 마음보다는 적대적인 마음이 먼저 드는 게 사실이다. 그 마음은 결혼하기 전이나 결혼 후나 거의 같다. 아주 소수를 제외하고는 말이다. 남편은 무조건 자신의 편일 것이라 여기고 불평 불만을 늘어놓지 말라. 마마보이 기질이 있는 남자라면 여자가 불합리함을 당하고 있다고 생각하기보다는 시월드 자체를 싫어하는 여자라고 오해할 수 있다.

6. 연애 때처럼 남자가 여자의 가족을 잘 챙길 것이라 생각하지 말라

남자들 중에도 자신의 집보다 여자 쪽 가족을 먼저 챙기는 사람이 있긴 하지만 극소수라는 것을 인정해야 한다. 한두 번 불평을 늘어놓아도 남자가 바뀌지 않는다면, 바꾸려고 노력해봐야 본인만 마음의 상처를 얻을 수 있다. 잔소리를 하기보다는 "예전에 이렇게 해줄 때 참 좋았다"는 식으로 칭찬해주며 우회적으로 말한다면 조금은 달라진 모습을 볼 수 있게 될 것이다.

7. 남자의 기를 살려주라

연애 때부터 남자가 술을 좋아하거나 친구들을 좋아하면, 결혼 후에도 밖으로 돌기 쉽다. 귀찮지만 남편을 집으로 끌어들이고 싶다면 결혼 후 한 번씩 집에서 친구들과의 술자리를 만들어주라. 이때 술 취한 친구들을 보며 인상을 쓰거나 부부싸움을 해서는 안 된다. 남자는 친

구들 앞에서 무안을 당하면 그 기분을 절대 잊지 못한다. 다시 밖으로 돌게 만들어버릴 수 있다는 것을 알아야 한다.

8. 결혼 초기부터 가사일을 분담하도록 교육시키라

화장실 청소, 쓰레기 버리는 것 등의 가사일은 결혼 초기부터 남편과 분담하도록 습관을 만들어주어야 한다. 스스로 아내를 돕겠다며 일을 분담하는 남편은 극소수이고 드라마에 나오는 이야기일 뿐이다. 결혼 초기부터 가정이란 남자와 여자가 함께 꾸려가는 것이란 마음가짐과 책임감을 심어주는 것이 필요하다. 특별히 남편이 이런 이런 가사일을 도와주면 좋겠다는 식의 임무를 미리 정해둔다면 생활 습관으로 자리 잡게 할 수 있다.

9. 모든 것을 캐려 하지 말라

"모르는 것이 약이다"라는 말이 있다. 너무 속속들이 알아서 오히려 속앓이를 하게 되는 일이 생긴다. 심각한 일이 아니라면 알아도 모른 척 넓은 마음으로 이해하려고 노력하는 것이 자신의 정신 건강에 좋다는 것을 알아야 한다. 모든 것을 다 알기 위해 일일이 캐려 하면 더 단단히 풀 수 없는 비밀번호를 만들어 자신만의 세계를 만들어가는 것이 남자라는 인간이다.

10. 사생활을 인정해주라

남자가 취미 생활을 하거나 자기계발을 위해 무언가 배우고 있기 때문에 가정에 소홀한 것이라고 몰지 않도록 하라. 그가 유난히 좋아하는 취미 생활을 무조건 못 하게 막는다면 돌아오는 건 남자의 짜증과 불만뿐일 것이다. 사생활을 인정하고, 그것을 위한 시간을 마련해주는 것이 더 건강하고 행복한 결혼생활을 만들어가는 길이다.

2단계

결혼하기 좋은
남자 찾기

01
생각보다 가까운 곳에 그가 있다

사랑받는 것, 그것이 행복은 아니다.
사랑하는 것, 그것이야말로 진정한 행복이다.
_헤르만 헤세 Hermann Hesse

'내 남자는 어디에 있을까?' 혹은 '내 남자는 언제쯤 나타날까?' 등은 아마 모든 미혼 여성들의 고민일 것이다. 미혼 여성들이 점집을 찾는 가장 큰 이유가 결혼이란다. 직장을 언제 구할까보다 결혼을 언제 할까가 더 큰 고민인 것은 인생 중대사이기 때문이다.

"올해 안에 이상형이 나타난다"는 점쟁이의 말을 들으면 귀가 크게 열려 주변 남자들을 둘러보지는 않고 눈 앞에 광채가 나는 남자가 갑자기 어디선가 나타날 것이라는 환상만을 가지고 산다. 그러다 그런 남자를 못 만나게 되면 운이 비껴갔다며 푸념을 한다. 또는 "팔자에 남자복이 없다"는 말이라도 들으면 실망을 넘어 스스로 남자복이 없다는 말을 읊어대며 있던 남자복마저 떨어지게 스스로를 세뇌하고 만다.

언제쯤 내 짝을 만나 결혼하게 될지 궁금해하는 것은 당연하지만, 문제는 어릴수록 결혼에 대한 환상이 너무 커서 '백마 탄 왕자님'이 아닌 이상 거들떠보지도 않는 사람이 많다는 것이다. 감성적인 여자일수록 이런 증상이 더욱 심하다. '노처녀' 딱지를 떼고 싶어서 안달이 난 여자라면 아무 남자나 붙잡고 결혼하고 싶은 마음이 굴뚝같겠지만 말이다.

그렇다면 정말 내 짝이 될 사람은 어디에 숨어 있는 걸까? 여자들이 결혼 상대를 만나는 경로는 매우 다양하다. 학교나 직장에서 만날 수 있고, 소개팅이나 선을 통해, 혹은 우연히 길거리에서 만날 수도 있다.

우리는 언제 어디서든 예상치 못한 인연을 만날 수 있고, 시간이 흘러서는 이렇게 기억하곤 한다. "그 사람과 결혼할 줄은 몰랐는데." 이 말은 즉, 내 짝은 생각보다 가까운 곳에 있었다는 이야기가 아닐까?

결혼하기 좋은 남자 찾기

D는 실연을 당하고 오빠라 부르며 친하게 지낸 C에게 술을 마시며 실연의 아픔을 털어놓게 된 후 답답하거나 슬플 때마다 C를 찾게 되었다. C 덕에 실연의 아픔을 잘 견디었고, 새로운 남자를 만나게 되면서는 C에게 남자의 품질이 어떤지 상담까지 하게 되었다. C는 D에게는 그저 상담자, 친오빠 같은 감정의 남자였다.

그러던 중 D는 또 실연을 당하고 가련한 여자가 되어 C와 술을 마시며 실연의 아픔을 치유하려 애를 썼다. 세 번씩이나 실연을 당한 D는 또 C에게 하소연하며 기대게 되었는데, 자신을 진심으로 잘 다독거려주는 C에게 그 순간 남자의 매력을 느꼈다. 실연의 아픔을 당할 때마다 D에게 C는 늘 해결사 역할을 자처했고, 그런 모습에 D는 C라면 자신을 힘들거나 아프게 하지 않을 것이라는 믿음을 갖게 된 것이다.

결국은 실연의 아픔 끝에 진짜 자신에게 필요한 남자는 C라는 것을 깨닫게 되어 연애를 시작했고, 결혼까지 골인했다. 다른 남자들을 사귄 것에 대해 기분 나빠하거나 허물로 만들지 않는 C는 그야말로 든든한 남편감이었던 것이다. D는 실연의 아픔들을 겪지 않았다면 C 같은 든든한 남편감을 보는 눈을 갖지 못했을 수도 있다. 정말 좋은 남편감을 가까이 두고도 남의 남편으로 보내는 큰 실수를 할 뻔했다며 C는 가슴을 쓸어내린다.

E는 같은 직장에 근무하는 F와 친한 동료로 지내면서 자신의 친구들과 소개팅을 몇 번 해주었다. "성실하고 매너 좋고 집안도 나쁘지 않고" 남자로서 조건이 빠지는 것이 없다며 F를 입에 침이 마를 정도로 칭찬하며 친구들에게 소개해주었고, 두 번째 소개팅을 해준 후배와 F는 몇 달 연애 끝에 결혼에 골인하게 된다. E는 예비 부부가 결혼 준비하는 과정을 옆에서 지켜보면서 F가 여자에 대한 배려심이 깊은 꽤 괜찮은 남자구나 생각했지만 아까워하지는 않았다.

그런데 결혼 후 아내를 끔찍이 아끼며 가정적인 F를 보면서 '아주 쓸 만한 남자를 놓쳤구나' 하는 후회를 하게 되었다. 자신이 F와 친하게 된 것도 F가 자신에게 관심이 있어서였는데, 남자로서는 느낌이 가지 않아 친구와 후배를 소개시켜주었던 것이다. 후배와 사귀고 결혼 준비를 하는 것을 보면서 '좀 아깝다' 정도로 생각했는데, 결혼 후에 남편으로서의 모습을 보면서 '아까운 정도가 아니고 저렇게 좋은 남편감을 놓친 것은 인생의 큰 실수였다'고 후회하게 된 것이다.

'내가 하긴 그렇고 남 주긴 아까운' 남자가 내가 해야 했던 남자인 경우가 허다하다는 사실을 알아야 한다. '난 언제 남편감을 만날까?' 하는 고민을 한다면 주변 남자들 중 꽤 괜찮은 또는 미래 남편감으로 좋은 남자를 내 시야에서 스스로 배제시키고 있는 것은 아닌지 잘 살펴보자.

늘 가까이서 함께하는 남자일수록 그 사람의 장단점을 잘 살펴볼 수 있는 기회가 많다. 남에게 소개하기 전, 남편감으로 손색이 없는 남자를 남에게 떠넘기는 것은 아닌지 곰곰이 다시 한 번 파악하고 생각해보자.

Point

자신에게는 남자 친구가 있기 때문에 괜찮은 남자를 주변 여자들에게 소개해주는 경우는 많다. 그런데 결혼을 약속한 남자가 있는 것이 아니라면 주변 여자들에게 소개해주어도 욕먹지 않을 정도거나, 여자들에게 소개해주고 고맙다는 말을 들을 정도의 남자라면 자신의 남편감으로 어떨까 확대경을 놓고 잘 파악해보라. 남 주고 평생 가슴앓이를 할 수도 있다.

남자가 나타나기를 기다리는 여성들이여! 주변 남자들부터 한 명씩 남편감으로는 어떤지 검색해보고 스캔해보자. 전혀 예상하지 못한 곳에서 의외로 좋은 남편감을 찾게 되는 행운을 잡을 수도 있다.

02
외모로는 절대
볼 수 없는 것들

결혼 전에는 눈을 크게 뜨고
결혼 후에는 눈을 반쯤 감아라.
_프랭클린 Benjamin Franklin

"얼굴 예쁜 여자는 한 달이고, 요리 잘하는 여자는 일 년이고, 지혜로운 여자는 평생이다"라는 말이 있다. 그리고 이 세 가지를 다 가지고 있는 여자라면 지구 끝까지 찾아가서라도 자기 여자로 만들고 싶은 게 남자들의 소망이라고 한다.

여자들보다 남자들이 상대의 외모에 더 관심을 두지만 남자들의 외모를 첫 번째 조건으로 여기는 여자들도 의외로 많다.

결혼하기 좋은 남자 찾기

키는 175센티미터 이상 되어야 하고, 쌍꺼풀은 없어야 하며 (혹은 쌍꺼풀은 있어야 하며), 남자다운 근육질 등 외모 기준을 나열하며 짝을 찾아 헤매는 여자들도 주변에 의외로 많다. 남자 얼굴이 결혼생활의 중요한 부분은 아닌데 말이다.

누구나 경제력이든 비주얼이든 자신의 기준이 있으니 뭐라 할 바는 아니지만, 잘생긴 남자가 안정된 결혼생활을 끌어갈 확률이 낮다는 주변 사례들이 많은 걸 보면 잘생긴 건 위험한 배우자 조건일 수도 있다는 생각이 든다. 물론 사람에 따라 다르지만 잘생긴 남자가 얼굴값 하는 경우를 많이 보았다.

문화센터 강좌를 할 때 어느 40대 후반의 여인이 자신은 처녀 때나 지금이나 남자들의 얼굴을 본다는 말을 해 "아직도 남자에 대한 관심이 많아 소녀 같은 감성으로 산다"며 모두들 웃은 적이 있다. 자신의 남편도 능력보다는 얼굴을 우선으로 보고 반해 결혼하게 되었다고 한다. "얼굴도 잘생겼는데 남자가 속눈썹도 길어 자는 모습을 보면 너무 이뻐 꼬집어준다니까요" 하며 수줍게 웃는 여자를 보면서 '남편을 너무 사랑하니 결혼생활이 행복하겠다'는 생각을 했다.

그런데 다음 강의 때 얼굴이 굳어져 온 여인은 "남편이 잘생겨 여자들이 가만히들 안두는 것 같아요. 전에도 내가 한번 뒤를 캔 적이 있는데 이번에 새로 들어온 여직원이 남편에게 꼬리를 치는 것 같아 신경 쓰여요. 내 눈에 안 보이면 늘 불안하다니까요"라며 걱정하기에 "믿고 살아야지 어쩌겠어요. 자신의 이상형과 사는 걸 행복이라고 생각하세요"라는 위로의 말을 해주었지만 '두 가지 복을 다 가질 수 없다는 말이 맞는가?' 하는 생각을 한 적이 있다.

예쁜 여자들이 자신의 외모에 자신감을 가지고 모든 남자들이 자신에게 호감을 가질 것이라고 착각하는 것처럼 남자들도 자신의 외모가 여자들의 호감을 끌 만하니 마음만 먹으면 여자들을 꼬실 수 있다며 착각하고 사는 경우가 많다. 잘생기고 못생기고는 기준에 따라 다르겠지만 예쁘다는 말을 자주 들으면 자신이 가장 예쁜 줄 착각하는 것처럼, 늘 잘생겼다는 말을 듣는 남자들은 자신의 얼굴이 모든 여자들의 이상형인 듯 착각들을 많이 한다. 자신의 눈빛이면 여자들을 기절하게 만들 수 있다고 호언장담하는 남자를 보면서 '헉!' 소리가 저절로 나온 적이 있다.

물론 같은 값이면 다홍치마라고 능력도 있고 잘생긴 남자가 내 남자라면 얼마나 좋을까? 연애 시절과 신혼까지는 잘생긴 남자를 내 남자로 만든 것이 나의 능력인 것만 같아 목에 힘을 주며 살 수 있다. 주변의 부러움을 사게 되면 더 뿌듯할 것은 뻔하다.

그러나 외모에 최우선 순위를 두다 보면 그 남자의 성격, 됨됨이, 가치관, 능력 등에 대해선 무감각해질 수 있다. 마음에 드는 물건은 꼭 사야 직성이 풀리는 여자들일수록 가슴을 설레게 하는 남자의 외모를 보는 순간 '이 남자를 내 남자로 만든다'는 식으로 다른 것은 따지지도 않고 선택해 불행의 씨앗을 스스로 만들어버리기도 한다.

외모는 딱 내 스타일인데 성격이나 살아가는 방식이 너무 다르다면 연애할 때는 모든 것을 이해할 수 있을 것 같지만, 평생을 같이해야 하는 결혼생활에서는 인내가 필요하고 후회라는 단어만이 늘 머릿속에 맴돌게 만들어버린다. 그러다 서로가 지치는 싸움을 계속하게 되고 그 결과는 뻔할 것이다.

영화 주인공처럼 내 스타일의 남자와 사니 알콩달콩 싸우는 것도 행복이라고 생각하는 것은 철이 없어도 너무 없는 모습이다. 그래도 '외모가 내 이상형이라 다른 것은 모두 감수하며 살 수 있다'는 엄마 같은 마음으로 살 자신이 있다면 불행이라는 단어는 그저 단어에 불과하겠지만 말이다.

가슴 떨리게 하는 외모에만 집중해 자신의 운명에 행복과 불행의 교차점을 만들지 않도록 해야 한다. 외모는 조금 떨어지고 이상형은 아니지만 남편감의 덕목을 갖춘 남자와 산다면 볼수록 매력(볼매)을 느끼게 될 수도 있다.

능력, 성격보다 외모를 첫 번째 연애, 결혼 조건으로 꼽는 여자들이여! 주변 경험자들의 말에 귀 기울이고 신중히 생각해보길 바란다. 남자의 외모는 결국 식장에 들어갈 때만 반짝이는 것일 뿐, 인생에서 그리 중요한 것은 아니다.

가슴 설레게 만드는 외모가 가슴 찢어지게 만드는 결혼생활을 만들 수 있다는 것도 꼭 짚고 넘어가야 한다.

Point

핸드폰이나 가전제품을 구입할 때도 사람마다 기능을 우선으로 따지는 사람이 있고, 디자인을 먼저 보는 사람이 있는 것처럼, 사람마다 어떤 것을 선택할 때 우선하는 기준은 다르다. 하지만 결혼은 단순히 물건을 고르는 과정이 아니다. 외모를 조건 1순위로 꼽는 여자들은 남자들의 내면을 따져보지 못하는 실수를 범하기 쉽다.

평생 함께할 수 있는 동반자를 결정하는 중요한 선택이기에 외모만 상대를 평가할 것이 아니라 신중해야 한다. 연애 시에는 외모 훤한 남자가 여자의 어깨에 힘이 들어가게 하기도 하지만, 나중엔 오히려 그것이 사사로운 갈등과 근심을 불러오기도 한다. 여자가 포용심이 많고 남자를 많이 사랑한다면 그렇지 않겠지만 말이다. 그러나 중요한 점은, 외모만으로는 알 수 없는 것들이 많다는 사실이다. 결혼은 서로 얼굴만 마주 보며 사는 것이 아닌 더불어 부대끼며 살아가는 현실이다.

03

눈높이를
만족시키는 남자

자신을 사랑하는 법을 배우게 되면
상대방은 자석에 끌리듯이 자연스럽게 우리에게 끌릴 것이다.
_조이스·베리 비셀 Joyce Vissell, Barry Vissell

얼굴 안 본 지 10년이 넘은 초등학교 동창 여자 친구가 있다. 미국에 어학연수를 갔다가 취직이 되어 시민권을 받고 미국에서 살고 있기 때문에 가끔 통화만 하는 사이가 되어버렸다. 몇 년 만에 통화를 하는데 아직 미혼이라며 늘 그랬듯이 첫 인사말이 "좋은 남자 없어?"였다. 30대 중반쯤까지 한국에 있을 때는 분기별로 만나는 친구였는데 나이에 비해 순진, 순수해 친구들이 중매를 해보려 몇 번 시도했던 적이 있었다.

그런데 얼굴도 보기 전에 "나이가 많다", "키가 나보다 작으면 어쩌니?", "대학은 나와야지, 지금 직업이 좋으면 뭐해. 수준 차이가 나잖아" 하면서 퇴짜를 놓기 일쑤였다. 그래도 한번 만나보라는 친구들의 성화도 그 친구의 남자 조건을 이길 수는 없어 결국 만남도 가져보지 못하고 무산되었다. 그래도 조건이 맞는다며 순순히 맞선자리를 나갔다 와서는 "얼굴 보자마자 뛰쳐 나오고 싶은 걸 참았어. 그 나이에 벌써 머리가 그 정도 벗겨지면 나중엔 어떻게 되는 거니? 그런 외모를 소개시켜주다니 기분 나빠"라는 말을 해 친구들이 두 손 두 발 다 들고 그 이후로는 소개의 '소' 자도 꺼내지 않았다.

그런데 중요한 것은 그 친구가 대학 나온 것 외에는 좋은 직장을 다니는 것도, 외모가 대부분의 남자들이 호감을 느낄 정도도 아니라는 것이다. 하지만 정작 자신은 남자들이 자신에게 호감을 갖는다는 착각을 버리지 못하고 소녀 시절 꿈을 그대로 간직하고 사니 친구들도 면사포 씌워주는 것을 포기하고 말았던 것이다.

작년에 아주 오랜만에 통화할 때도 "좋은 남자 없어?"가 첫 인사말이라 "한두 명 있는데 돌싱이야, 괜찮겠니? 사람은 아주 괜찮아. 네가 좋아하는 외모에 스펙도 되고 말야"라고 말했다가 "어머, 아무리 내가 불혹의 중반이라도 그건 아니다 얘!" 하며 기분 나쁘다는 듯이 말을 해 괜히 내가 무안해져 얼버무리며 전화를 끊은 적이 있다. 요즘은 연하와 결혼을 많이 한다며 자신이 원하는 조건을 갖춘 남자와 결혼해야 한다는 환상을 절대 버리지 못하는 친구였다.

이 친구가 결혼에 생각이 전혀 없는 것은 아니었다. 하지만 자신의 이상과 현실은 다르다는 것을 인정하지 못하고 있다는 것이 문제였다. 지금도 결혼을 아주 많이 하고 싶어 하고, 그래서 자신의 원하는 조건을 갖춘 남자들이 있는가 주변 남자들에 대해 눈을 크게 뜨고 있었다. 머리숱이 없다고 보자마자 퇴자를 맞은 그 남자는 너무 가정적인 남자라 잘살고 있다는 말을 해주면 "짚신도 짝이 있다잖아" 하며 후회하기보다는 '뭐 눈에 뭐만 보인다'는 식으로 말을 했다. 이 정도 되면 이 친구를 철이 없다고 해야 할까, 이상이 높다고 해야 할까. 더군다나 여자가 불혹의 나이를 넘기면 쓸 만한 남자들은 이미 품절남이 되어버리고 남아 있지 않다는 사실을 받아들여야 한다.

만약 아주 쓸 만한 남자가 시기를 놓쳤거나 성공을 위해 싱글로 남아 있다 하더라고 큐피드의 화살을 맞지 않는 이상 나이 비슷한 여자를 택하는 것이 쉬운 일까? 아주 극소수의 남자들은 여자만 괜찮으면 나이를 안 따진다지만 그런 경우는 희박하다. 대부분의 남자들은 자신이 능력이 된다면 나이 차이 많이 나는 어린 여자와 결혼하는 것을 자신의 능력을 보여주는 것이라고 생각한다. 자신이 생각하는 모든 것을 갖춘 남자나 추상적으로 '내 스타일'의 필이 통하는 남자를 찾아 헤매다 보면 좋은 남자들은 다 팔려가고 없다.

입장을 바꿔 내가 남자라면 나이가 들었어도 능력이 있을 때 어떤 여자를 택할까 하는 생각도 좀 해봐야 하지 않을까.

결혼은 조건만으로 살 수 있는 것이 아니고 오랫동안 함께 매일 보며 살아야 한다는 현실을 망각하지 말자.

잘생긴 얼굴도 나이 들면 이상하게 변할 수 있고 스펙은 좋아도 사회 감각이 떨어져 명퇴를 당한 후 무능력하게 사는 남자도 있다. 조건과 외모는 언제든지 변할 수 있다. 혹시 조금 부족한 이러한 이유 때문에 그 남자를 결혼 리스트에서 제외한 것은 아닌지 살펴보자.

1. 너무 마르고 볼품이 없다

남자든 여자든 나이가 들면 나잇살이 붙는다. 물론 나이가 들어도 체질적으로 살이 찌지 않아 20대의 몸이 변하지 않는 사람도 있지만 타고난 체질이 아닌 남자라면 결혼 후에는 살도 붙어 듬직한 인상으로 변하는 사람이 많다. 남자들은 결혼 후 안정이 되면 살도 찌고 얼굴이 후덕해져 인상이 변하는 경우가 많다.

보잘 것 없이 빈티나 보이던 남자라 관심 대상에서 아예 배제시켰는데 10년 후 '그때 그 남자 맞나?'라는 의구심이 들 정도로 인상이 변하는 경우도 있다.

2. 무뚝뚝하고 재미가 없다

타고나길 무뚝뚝한 사람은 없다. 살면서 말수가 적어지거나 숫기가 없어 그런 경우도 있다. 하지만 여자가 여우처럼 살갑게 대하면 남자들의 성격도 바뀔 수 있다. 오히려 이런 남자들이 아내의 말에 귀를 잘 기울이고 듬직한 남자의 면을 가지고 있을 수도 있다. 아내가 대화를 유도하며 애교를 부리면 아내와의 대화를 즐기며 오손도손한 모습을 보이기도 할 것이다.

3. 남자 집안이 별로다

남자의 집이 경제적 능력이 없어 결혼 후 힘겹게 살아야 한다는 앞선 생각에 남자의 능력을 과소평가 해버리는 경우가 있다. 물론 부모의 도움을 받으면 남보다 빨리 경제적 안정을 만들어낼 수는 있다.

하지만 처갓집 도움을 받고는 큰소리치며 사는 경우가 많지만 시댁의 도움을 맘 편하게 누리며 사는 여자들은 거의 없다는 사실을 알아야 한다.

아직까지는 남존여비사상이 남아 있어 아들 가진 부모들이 더 큰소리치는 경우를 많이 접하게 된다. 아들에게 경제적 지원까지 해준다면 목소리는 더욱 커지게 된다.

'간 쓸개 다 빼버리고 살 수 있다'라는 집념이 있다면 남자의 능력이 없어도 시댁의 도움을 받으며 살 수 있다. 하지만 남편의 경제력으로 생활하는 것만큼은 맘 편하지 못한 것이 현실이라는 것이다.

집안은 볼 것 없지만 말단 사원에서 초고속 승진을 해 남보다 빨리 출세하는 남자들도 꽤 많다. '언제쯤 되어야 경제적으로 안정될까'라는 생각으로 내 남자 리스트에 이름조차 올리지 않았던 남자가 10년 후에 성공의 타이틀을 잡고 있는 것을 보며 배 아파하는 경우도 주변에서 심심치 않게 보게 된다. 그러니 그 남자가 지금 처해 있는 경제적·사회적 위치도 중요하지만 앞으로 치열한 경쟁사회를 잘 헤쳐나갈 수 있을 만큼 뚝심 있고 노력하는 사람인지 유심히 관찰해볼 필요가 있다.

4. 옷 입는 스타일이 매우 촌스럽다

옷 맵시도 안 나고 옷 입는 스타일도 너무 촌스러워 메이커를 입어도 짝퉁으로 보인다고 그 남자만 봐도 질색할 정도로 싫어하는 여자들이 있다. 챙겨주는 사람이 옆에 없어 촌스러움을 달고 다니는 남자일 수도 있다. 남편감으로 믿음이 가는 남자라면 촌스러움은 결혼 후 아내의 스타일로 코디를 해주어 해결할 수 있는 가장 쉬운 문제다. 성격은 바꾸기 어려워도 외적 스타일은 여자가 코디해서 바꾸기 쉬운 요소다.

'이런 남자가 남편감으로는 최고다'라는 자신만의 기준으로 남자를 골랐는데 알고 보니 '꽝'인 경우도 있다. 오히려 전혀 생각하지 못한 남자가 1등 복권일 수도 있는 것이다. 하지만 1등은 아니더라도 행복과 변하지 않는 마음만 지켜나간다면 성공한 셈이다.

Point

세상에 절대 완벽한 남자는 없다. 그러니 치명적인 단점이라면 모르겠지만, 단 하나의 흠이 있다고 해서 무조건 배제하지 말고, 그 단점을 커버할 수 있을 만한 큰 장점을 살펴라. 그러기 위해서는 하늘로 향해 있는 눈높이를 조금 낮춰야 한다.

괜찮은 남자인 것은 알겠지만, 그래도 절대 눈높이를 낮출 수 없다는 여자의 아집이 강하다면, 그 남자와는 인연을 맺을 수 없다. 하지만 제2의 인생인 결혼을 해피 엔딩으로 만들고 싶다면 좋은 남자를 자신의 눈높이만큼 끌어올리려 노력하며 살겠다는 의지가 현명한 생각이 아닐까?

04

새로움이 항상
좋기만 할까

*자신의 가정에서 평화를 찾아낼 수 있는 사람이
가장 행복한 사람이다.*

_괴테 Johann Wolfgang von Goethe

따뜻하고 푸근하며 색상과 디자인도 마음에 쏙 드는 옷을 발견하면 할부로라도 큰맘 먹고 투자해 구입한다. 그리고 나서는 뿌듯해하며 겨울 내 따뜻한 데다 행복감까지 안겨주는 옷을 트레이드 마크인 양 입고 또 입고 애지중지한다.

그런데 새 옷도 3~4년이 지나면 따스한 기운이 달아난 듯 찬기가 느껴진다. 새로 샀을 때보다 따뜻함이 줄어들어 점차

옷장에 넣어두는 시간이 많아지고 '그 옷이 있었나' 하며 잊고선 모아두었다가 옷 수거함으로 보내기도 한다. 그런데 이상하게도 처음부터 꼭 마음에 들어서 산 옷이 아니더라도, 새 옷이면 더 따스한 기운을 느껴 한겨울 그 옷만을 찾게 되기도 하는 것을 보면, 숨이 죽은 옛 옷보다는 새 옷이 더 따뜻하게 느껴져서일 것이다.

옷처럼 사람관계도 마찬가지다. 사람의 성향에 따라 다르긴 하지만, 맘에 쏙 드는 사람을 만나면 처음에는 들뜬 기분에 콧노래가 절로 나오고 행복감에 젖어 만남의 시간이 짧게 느껴지며, 다시 만날 약속 시간을 손꼽아 기다리게 된다.

그런데 연애 감정에도 유효 기간이 있다고 하듯이 3~4년이 지나면 행복한 시간들이 줄어들고 좋아 보이던 모습은 단점으로 보이기도 한다. 짜증과 불만이 점차 증가해 만남보다 혼자 있는 게 낫다는 생각을 하기도 한다. 예쁘게 보이기 위해 만날 때마다 단장을 하던 성의도 없어지고 화장기 없는 얼굴에 머리를 질끈 묶고 나가기도 해 남자 친구에게 불평을 듣기도 한다. 좋을 때는 바로 시정하려 들지만 이런 상황이 오게 되면 오히려 피곤하게 만드는 남자가 귀찮은 존재가 되어버리기도 한다.

상대의 단점이 크게 눈에 들어와 투덜댐이 싸움으로 번지기도 해 그런 모습을 안 가진 남자를 만나고 싶다는 생각으로 새로운 남자를 물색한다. 그러던 중 자신이 싫어하는 단점을 전혀 보이지 않는 새로운 남자를 만나면 '이 남자가 내가 원하는 남자구나' 하는 결단에 전 남자 친구는 무 자르듯이 잘라버리고 새로운 남자에게 아주 따스한 온기를 느끼며 사랑에 빠지기도 한다.

그런데 그 결단이 옳았다는 판단이 평생 간다면 남자 선택에 성공했다고 할 수 있지만, 시간이 지나면서 모든 것이 맘에 들었던 남자의 좋은 점들이 또다시 단점으로 자리잡게 되면 "그래도 구관이 명관이다"라는 명언이 자신의 말이 되어 섣불리 잘라버린 남자를 그리워하게 되는 것이 사람의 간사함이다.

그리하여 자신이 한치의 고민도 없이 옷 수거함에 옷을 버리듯이 버린 남자를 그리워하기도 한다는 것이다. 새 옷을 샀을 때처럼 사람도 새로이 만나면 단점보다는 장점이 크게 보이고 자신에게 잘해주면 절대 변하지 않을 사랑처럼 느껴지는 것은 당연하다. 하지만 시간이 지날수록 온기보다는 냉기를 더 느낄 수 있는 것이 남녀 관계라는 것을 생각하라. 새로 산 옷의 따뜻함이 점점 사라지듯이 말이다.

하지만 오래 입은 옷은 더 정겹게 느껴져 늘 손이 가게 만들기도 한다. 사랑도 식는 것이 아니고 서로에 대한 믿음이 강해지면서 덤덤해지는 것이다. 사랑이 식었다, 나에 대해 마음이 변했다는 부정적인 생각을 가지면 자신의 마음만 더 다치게 된다. 아닌 것 같아 다른 남자들을 만나본 여자들이 "그래도 구관이 명관이더라"고 하는 경험담을 되새겨보자. 오래 입어도 편안해서 자꾸 손이 가는 옷이 있듯이 사람도 오래된 사람이 더 편안하고 오래 함께할 수 있는 것이다.

연애를 하다 보면 분명 권태기가 오게 된다. 그 권태기를 이겨내면 다행이지만, 결국 권태기를 이기지 못할 수도 있다. 연애라면 상대방과 헤어지고 다른 사람을 만나면 그만이지만, 결혼은 다르다. 결혼생활을 하면서도 분명히 권태기가 올 텐데 그때마다 새로운 사람을 만날 수는 없지 않은가. 따라서 무조건 권태기가 온다고 헤어짐을 선택하지 말고, 그 사람과의 좋은 추억을 떠올리며 편안함에 익숙해지려고 노력하라.

권태기는 자신에게만 오는 것이 아니라 상대에게도 심하게 올 수 있다는 사실을 인정해야 한다. 그런 것들을 넘기고 나면 서로가 더 편안해지고 가족이라는 이름의 명찰이 떨어지지 않게 그 관계가 더욱 돈독해지는 것이다.

권태기에는 서로에게 새로운 기분을 불러일으키는 자극들을 만들어보도록 하라. 내 기분에 따라 이 옷은 별로다가 아닌 '이 옷은 평생 두고 볼수록 가치가 높아지는 엔틱의 멋을 만들어가는 매력적인 옷이다'라고 생각하는 것이 의미 있는 결혼으로 이어가는 방법이다. 싫증나지 않고 오래 입어도 온기를 느낄 수 있는 옷은 자신이 그만큼 애착을 가지고 있다는 뜻이다.

새로운 남자도 처음에는 행복만을 안겨주어 따스하지만 전 남자가 더 오래 따스하게 몸을 녹여주는 품질 좋은 핫팩일 수 있다는 사실도 놓치지 말라. 결혼생활은 늘 행복만 충만한 것이 아니라는 현실을 알아야 한다.

만나는 남자의 장점을 미처 발견하지 못하고 새로운 남자와 영원히 불타오르는 사랑을 나눌 수 있을 거라는 속단은 금물이다.

남자의 단점만을 끄집어내어 지난 남자에 대해 그리워하거나 후회만 할 것이 아니다. 역시 '이 물건은 다르다'는 생각처럼 내 남자에 대한 애착을 가지도록 노력해야 한다. 그것이 자신의 결혼을 성공으로 만드는 길이다.

Point

새로 산 옷이 더 따듯하게 느껴지지만 오래 함께한 옷에 더 가치를 두게 되기도 한다는 것을 잊어버리자 말자. 자꾸 손이 가는 옷에 애착을 느끼게 되는 법이다.

편한 남자를 놓치는 실수는 자신의 판단 오류에서 나오는 경우가 많다는 것을 염두에 두자. 가치가 없는 것이 아니라 가치를 잠시 잊거나 배제하고 있는 것은 아닌지도 생각해보아야 한다.

관계를 쉽게 정리하면 결국에는 후회도 빨리 할 수 있다는 점을 잊지 말고, 시간을 두고 잘 보면서 상대의 가치를 파악해보도록 하자.

05
내가 사랑한 남자, 나를 사랑한 남자

애인의 결점을 장점으로 볼 수 없는 사람에게
진실된 사랑은 없다.
_괴테 Johann Wolfgang von Goethe

    결혼은 서로 사랑한다는 전제하에 하는 것이 맞지만, 때로는 일방적인 사랑으로 이루어지는 경우가 있다. 어떻게 한쪽만의 간절한 구애로 결혼할 수 있는지 의문을 품을 수도 있지만 이렇게 결혼에 골인하게 된 커플이 생각보다 적지 않다. 물론 상대방만큼 간절한 마음은 없지만 '이 정도면 무난하게 살 수 있겠지'라는 마음으로, 혹은 양쪽 집에서 밀어붙여 떠밀려

결혼하기 좋은 남자 찾기

서 결혼한 경우겠지만 말이다.

그나마 다행인 것은 남자가 여자를 쫓아다녀 이루어진 결혼이다. 남자가 사랑에 빠져 결혼을 결심하게 되면 남편으로서의 역할은 물론이고 가정에 충실하게 되는 경우가 대부분이다.

문제는 여자가 목매듯 쫓아다녀 이루어진 결혼이다. 살다 보니 정이 들거나 좋은 면을 발견하게 되어 결혼 후에 아내를 더 많이 사랑하게 되면 다행이지만, 정을 붙이려는 노력조차 안 하는 남자들이 심심치 않게 많은 게 사실이다.

C는 친구의 오빠였던 H를 너무 좋아해 학교 때부터 따라다녔다. H는 C를 여동생 친구라 동생처럼 귀여워할 뿐 여자의 느낌은 없었다. 하지만 그녀가 집요하게 구애를 하고 집에서도 결혼 상대로 좋은 것 같다며 밀어붙여 결혼하게 된다. 사랑하던 여자도 있었지만 C가 싹싹하고 며느리감으로 좋다 하는 부모님의 뜻을 거역하기 힘들어 H는 C와 결혼하게 된 것이다.

"남녀는 한 몸이 되면 사랑이 싹트게 된다"는 어머니의 말에 '정으로 살면 되지', '어머니가 너무도 귀여워하니 고부갈등 없이 평탄한 결혼생활을 하겠지'라는 생각으로 마음을 다잡고 결혼한 것이다.

신혼여행을 가 첫날밤을 보내야 하는데 H는 마음이 동하지 않았지만 첫날밤부터 아내에게 소박 맞는 느낌을 줄 수는 없어 어렵사리 첫날밤 의식은 치렀다. 하지만 다음날부터는 여행을 하니 피곤하다, 허리가 아프다 등의 핑계를 대고 잠자리를 피하려 했다.

몇 번 핑계는 아내가 넘어갈 수 있지만 매일 얼굴을 보며 살아야 하는 상황에서는 아내도 남편의 마음을 알아채지 않을 수 없다.

C는 "그렇게 싫으면서 나와 왜 결혼을 했느냐?"며 따졌지만 사실 남편이 자신을 여자로 사랑하지 않는 것을 알면서도 결혼만 하면 '내 남자가 되려니' 하는 생각으로 밀어붙인 자신의 탓이 큰 것이 아닐까 하는 생각으로 후회하게 되었다고 한다.

남자와 달리 여자는 자신에게 잘해주는 사람에게 결국 마음이 가게 된다. 하지만 남자는 다르다. 아무리 자신에게 잘해준다고 한들 마음이 가지 않으면 나무 보듯 하는 게 남자다. "사랑에 남자는 능동적 여자는 수동적"이라는 말도 있지 않은가.

더군다나 사랑하는 여자가 있으면서 집안의 강요에 못 이겨 결혼하는 경우는 사랑하는 여자에 대한 그리움 때문에 아내에게 웃음과 관심이 없어지고 의무감만 남아 있는 남편이 되고 말기도 한다.

'몸만 와 있어도 내 남자이면 된다'는 생각으로 결혼생활을 이어나갈 수 있을 것 같지만, 감정의 동물인 인간이기에 생활을 해나가면서 오히려 남편에 대한 미움, 증오만 커져갈 수 있다. 이런 경우는 헤어지면 철천지원수가 되기도 한다.

그래도 '내가 좋아하는 남자니까'라는 사실에 위안을 삼으며 결혼을 강행하고 싶다면 기억하라. 결혼은 일류지대사인 만큼 엄청난 노력이 필요하다. 이 노력은 어느 한쪽만 한다고 되는 것이 아니며, 반드시 두 사람이 함께 노력해야 한다. 과연 여자 혼자만의 힘으로 가정을 이끌 수 있을 것이라 생각하는가? 절대 그렇지 않다.

남자는 자신에게 여자로서의 감정을 느낄 수 없다고 하는데 "좋은 여자가 되도록 노력하겠다", "여자의 느낌을 주도록 해 보겠다"는 등의 말로 매달리듯이 결혼으로 골인하려고 하지 않도록 하라. 결혼은 인생의 종착점이 아니다. 두 사람 인생의 새로운 출발점이다. 사랑하는 남자를 놓친 것보다 결혼 후에 여자로서의 마지막 자존심까지 다치게 되어 평생 지울 수 없는 상처를 동반하게 될 수도 있다.

남자에 대한 불감증까지 갖게 되어 좋은 남자를 만나도 마음을 열지 못하며 평생 자격지심까지 갖게 되는 여자들도 간혹 있다. 서로가 호감을 갖고 있지만 누가 더 좋아하고 사랑하느냐의 문제는 서로에게 상처를 남기지 않는다. 하지만 이 남자 없이는 못 산다는 집착 같은 사랑은 그 감정이 거절되었을 때 자신의 인생에 남자 불감증까지 스스로 만들게 된다는 것이다.

그 남자 없이는 못 살 것 같다는 생각이 간절하다면 결혼 전 그가 자신에게 마음을 열고 자신을 여자로 보는지 시간을 두고 지켜보자.

전혀 미동도 없는 듯 보인다면 그와의 결혼은 자신의 삶을 피폐하게 만드는 극단적 선택이 되고 만다. '결혼만 하면'이라는 생각은 스스로 상처를 깊게 할 뿐이다.

자신이 이런 상황이라고 생각해보자. 물론 꼭 아내에게 마음이 열리지 않아 다른 여자를 찾는다는 것은 아니다. 친구들이나 자신의 취미 등을 찾아다니며 가정에 소홀해지거나 관심을 가지지 않으려 하게 된다는 것이다.

평생 무관심을 포용하며 살 수 있는 사람은 없다. 물론 극소수 있을 수도 있겠지만 많은 사람은 인내의 한계 앞에 스스로 관계를 포기하게 된다는 것을 깊이 생각해보아야 한다.

일방적인 사랑은 결국 집착과 애증을 불러오고, 나중에는 혼자 사랑한 자신이 가장 힘들어지게 된다. 평생 후회할 것 같아 노력이라도 해보고 싶다면 다음과 같이 남자의 마음을 열 수 있도록 '사랑스러운 여자'가 되어보는 것도 방법이다.

- 남자의 성향을 잘 분석해보고 마음을 헤아려주자.
- 사랑과 관심을 강요하지 않으며, 사생활을 최대한 인정해준다. 사랑은 강요할수록 도망가고 싶게 만들 수 있다.
- 인내를 갖고 서로의 공통점을 찾고 만들어가라. 이런 모습은 남자의 마음을 열리게 할 수 있는 열쇠가 될 수 있다. 아주 강력한 자물쇠로 채워진 마음이 아니라면 말이다.

06
과거, 현재, 미래 모습을 그려봐야 하는 이유

사랑은 일에 굴복한다.
만일 사랑에서 빠져 나오기를 원한다면, 바쁘게 지내라.
그러면 안전할 것이다.
_오비디우스 Publius Naso Ovidius

J는 대학 때부터 친구로 만나다 애인으로 발전한 T를 사귀고 있었다. T는 머리가 좋아 장학금으로 공부를 하고 대기업에 들어갔지만 집안이 그리 넉넉하지 않았다. 자신이 하나씩 이루어나가야 하는 형편이었다.

직장에 들어가서도 월급을 타면 부모님 생활비를 챙겨드려야 하는 처지라 보란 듯이 결혼식을 올리기 어려웠고, 결혼 후에도 맞벌이를 해야만 넉넉히 살 수 있을 터인지라 40대가 되어야 집장만이라도 할 수 있을까 고민이 되는 남자였다.

J는 T를 오랫동안 만나왔기 때문에 프러포즈를 받지는 않았지만 당연히 결혼할 것이라는 생각을 서로 하며 만남을 이어가고 있었다.

그러던 중 직장 회식 자리에서 우연히 여자 동료의 남자 친구들과 합석을 하게 되었는데, 거기서 해외 유학파인 Z를 만나게 되었다. 첫눈에 반할 정도로 호감이 가는 것은 아니었지만 여러 번 모임을 갖다 보니 자연스럽게 친해지게 되었다.

아주 부잣집은 아니지만 해외 유학까지 보내줄 정도로 넉넉한 집안이었고, 한국에 들어와서는 펀드 매니저로 돈도 많이 버는 직장을 다녀 외제차를 타고 좋은 레스토랑에서 분위기를 즐기는 낭만적인 Z의 모습에 J는 빠져들게 되었다.

외국에서 살다 와서인지 옷 입는 것부터 여자들을 대하는 Z의 태도에서 멋스러움이 자연스럽게 베어나니 여자로서 호감이 안 갈 수 없는 남자였다.

Z도 J에게 호감을 보여 데이트를 하던 중 Z에게 드라마에서 봐왔던 로맨틱한 프러포즈를 받은 J는 T의 존재를 잊어버리고 만다.

Z와 처음 데이트를 할 때는 T에 대한 미안함이 있었다. 하지만 시간이 지날수록 J는 T와 오래 사귀어 결혼을 할 것이라는 생각은 가지고 있었지만 정식으로 서로 결혼 이야기를 주고 받은 것이 아니라 미안해할 필요까지는 없다는 생각을 하게 되었다.

전셋집도 아닌 월세에서 결혼생활을 시작해야 할지 모르는 T와 30평대 아파트에서 보란 듯이 시작할 수 있는 Z와는 비교할 필요조차 없다는 사실에 J는 Z에게 마음을 굳히게 된 것이다.

J는 친구들의 부러움을 사며 Z와 결혼식을 올렸고, 남들보다 안정된 결혼생활을 시작했다.

눈에 넣어도 아프지 않을 이쁜 딸까지 낳아 부러울 것 없는 결혼생활을 누리던 J는 결혼 5년차쯤 되자 남편이 늘 혼자만의 세계가 있는 듯한 거리감을 느꼈다.

처음에는 여자가 있는 것은 아닌지 의심했다. 그런데 알고 보니 한 번에 큰돈을 벌어보겠다며 전 재산과 집까지 담보로 잡아 주식 투자를 해 거리에 나앉는 지경까지 가게 된 것이다. 결국 행복에 겨웠던 결혼생활은 J가 벌어 월세를 내고 생활도 해야 하는 눈물겨운 상황으로 전락하게 되었다.

알고 보니 Z는 공부를 잘해 유학을 간 게 아니라 자신의 성적으로는 국내 어느 대학교도 들어갈 수 없어 많은 돈을 주고 유학을 다녀왔고, 직장까지 아버지의 힘을 빌려 들어간 것이었다. 결국 자신의 힘으로 이뤄낸 것은 아무것도 없는 남자였다.

그런데 언제쯤이면 전셋집이라도 마련할까 고민을 해야 했던 T는 능력을 인정받아 중소기업에 스카웃되어 스톡옵션으로 초고속 성공을 이루고 있었다. 게다가 원래부터 근면하고 성실했던 습관이 몸에 배여 있어 사회적으로 꽤 인정을 받고 있었다. J는 자신에게 미래의 능력을 보는 눈이 없었다는 것을 뒤늦게 깨닫고 후회했지만 이미 소용 없었다..

현재 가진 것은 부족하지만 사회적으로 능력을 인정받을 수 있는 남자를 만나야 큰 풍파 없이 안정되고 행복한 결혼생활을 함께 해나갈 수 있다는 있다는 사실은 주변에서 흔히 볼 수 있는 사례라는 것을 잊지 말자.

현재든 미래든 돈으로 모든 것을 해결할 수 있다고 생각하는 남자는 위험하다. 이런 남자는 평소 언행을 보면 어느 정도 짐작할 수 있다.

"빨리 돈 벌어 외제차 타게 해줄게", "보란 듯이 살 수 있게 해줄게", "명품으로 도배해줄게"라는 말을 자주 한다면 허세가 있는 것이다. 진국인 남자는 "한평생 마음 고생 안 시킬게", "좋은 남편이 되도록 할게"라는 말들을 한다. 돈보다 마음가짐과 행동으로 다짐하는 것이다.

그러나 여자라면, 특히 남에게 보이는 것을 좋아하는 여자라면 전자의 남자에게 끌릴 것이다. 자신의 살아가는 방법과 사고가 남자를 잘못 보는 눈을 만들어놓은 것은 아닌가 생각해보아야 한다.

자신의 허세가 스스로의 인생을 물안개로 만든다는 것은 생각하지 않고 '남자에게 사기를 당했다', '남자의 사는 방식이 문제다'라고 생각하는 것은 오히려 자신의 마음에 더 큰 상처를 남기고 좋은 남자를 다시는 만나지 못하는 큰 중병을 동반하기도 한다.

눈에 보이는 것, 멋스럽게 사는 현재를 더 크게 보는 자신의 잘못된 눈을 탓해야 한다. 신중하게 미래를 디자인해가며 사는 남자인가를 잘 살펴보는 것이 노후를 보장해주는 든든한 보험을 드는 길이다.

Point

현재 가진 차, 직업이 평생 갈 수 있다는 오산을 버려라. 현재 가진 것이 밑거름이 되어 더 큰 부자가 될 수도 있다. 그러나 남자의 허영기는 한 번에 인생을 나락으로 떨어뜨릴 수도 있다는 것도 염두해야 한다. 한 번에 큰돈을 벌겠다는 포부는 능력이 아니라 허영기다. 물론 생각하지 않고 투자한 것이 거금으로 만들어지기도 한다. 하지만 그것은 극소수라는 것을 잊어서는 안 된다.

매사에 성실하고 정확해 숨 막힐 것 같다는 평을 듣는 남자는 자신의 능력을 더 계발해 사회적으로 인정받아 성공을 이루겠다는 꿈을 가지고 있는 남자인 경우가 많다. 허세 있는 여자들에게 이런 남자는 매력이 없을 것이다. 미래를 망치는 것은 남자 탓이 아니라 남자의 미래를 보는 눈이 없는 여자의 탓이 크다.

07
어른들이
소개해주는 남자

사랑은 모든 것을 믿고 속이지 않는다.
사랑은 모든 것을 소망하고 멸하지 않는다.
사랑은 자신의 이익을 추구하지 않는다.
_키에르 케고르 Søren Aabye Kierkegaard

　B는 사회에서 만난 나이 차가 많이 나는 언니에게서 남자를 소개받았다. 듬직하고 남자다운 아주 좋은 남자라며 입에 침이 마를 정도로 칭찬을 해 부푼 마음을 안고 소개팅을 나갔다. 외모가 아주 비호감은 아니었지만 자기 기준에 호감형은 아니었고 그저 남자다운 외모였다. 말수가 적어 소개자가 간 다음

결혼하기 좋은 남자 찾기

에는 침묵이 흐를 정도로 함께 있는 시간이 재미없었다. 자신이 맘에 안 들어 그런가 하는 생각이 들 정도여서 밥 먹고 차 마시고 의무적으로 서로 연락처를 주고 받고 헤어졌는데 소개자의 말에 의하면 남자는 B를 아주 마음에 들어 한다는 것이었다. 남자가 마음에 드는 편은 아니었지만 혼기를 넘긴 나이의 B는 한두 번 더 만나보기로 결심한다.

두 번째 만남을 가졌지만 지루해서 시계를 보게 만드는 남자와 더 이상은 만나지 않겠다고 결심한다. 1년 정도 지난 후 소개해준 언니로부터 그 남자의 결혼 소식을 듣게 되었다. 결혼을 했는데 가정적이고 능력도 있어 결혼한 여자가 복덩이를 가졌다며, "네가 복을 찼다"라는 언니의 말을 들어도 '서로가 잘 맞는 사람을 만났겠지'라는 생각만 했다.

그런데 여러 남자들을 소개받아보고 나이가 들다 보니 연애할 남자와 남편감은 다르다는 것을 깨닫고 후회하게 되었다고 한다. 남자가 보는 남자와 여자가 보는 남자의 판단이 다르다고 한다. 여자가 보는 여자와 남자가 보는 여자의 판단이 다르듯이 말이다.

여자들도 나이를 먹을수록 현실적인 기준으로 남자를 고르지만, 결혼 적령기는 자신에게 해당되지 않는다고 생각하는 여자들은 자신의 기준과 결혼에 대한 환상만 가지고 남자를 찾으려 한다. 살아본 경험으로 결혼할 남자는 이런 남자가 좋다는 충고는 한 귀로 듣고 한 귀로 흘려보내면서 말이다. 직간접적으로 경험이 많은 선배들이나 어른들이 얘기해주는 남편감 고르는 법을 젊은 세대들은 고리타분한 훈시 정도로 받아들이기 쉽다. 같은 또래의 친구들에게 소개를 받으면, 그들 역시 좁은 시야로 남자를 바라보고 판단할 수밖에 없다. 그러나 어른들이 하는 말 속에는 삶의 지혜가 깃들여져 있다는 것을 알아야 한다. 어른들이 보는 '좋은 남자'는 다음과 같다.

1. 어른을 공경할 줄 아는 남자

술도 어른에게 배운 남자들이 주(酒)예절을 알아 사회에 나와서도 어른들과의 술자리에서 예의에 벗어나는 행동을 하지 않는다. 어른들과 생활을 많이 해본 남자들은 어른들을 대하는 예의가 있어 결혼 후 처가 어른들에게도 예의바른 모습을 보여 품질 좋은 사윗감으로 칭찬을 받게 된다. 어른을 마음속으로 공경하는 것과 공경하는 척하는 것은 나이가 든 입장에서는 아주 잘 보인다.

내 남자 친구는 예의가 바르다고 입에 침이 마르게 칭찬을 하지만 어른이 볼 때는 아니라는 생각이 들게 되는 경우가 있다는 사실을 놓치지 말라.

2. 남자다운 남자

요즘은 언행만 보면 남자인지 여자인지 구별이 안 되는 남자들이 있다. 어른들이 말하는 남자다운 남자는 남성미가 있다는 뜻이 아니다. 남자로서의 책임감을 동반할 정도의 남자다움이 있다는 뜻이다. 이런 남자들은 자신이 꾸린 가정에 대한 책임감을 가지고 가장으로서의 역할을 잘 수행해나가는 면모를 보여준다. 어른들이 말하는 남자다운 모습은 식스팩에 외모가 멋진 남자가 아닌 자신의 여자와 가정에 책임감이 강한 남자를 의미한다.

인생의 경험이 많은 어른들은 남자다운 척하는 것인지 책임감을 동반한 남자다움이 있는지 금세 파악할 수 있다.

3. 처신을 잘하는 남자

실수를 했을 때는 인정하고 사과하며, 감사한 것이 있을 때는 당연한 듯하지 않으며 감사 표현을 하는 남자들이 결혼 후 아내와의 관계에서도 아내 마음에 상처를 덜 주게 된다. 물론 사회적 처신을 잘하지만 가정에서는 정반대인 남자들도 많다. 하지만 대인관계 처신을 잘하는 남자들이 아내와 처가 식구들에게 처신을 잘할 확률이 높다는 것이다.

처신을 중요시하는 남자는 자신의 것에 대해서도 함부로 다루지 않아 자신의 여자, 아내가 초라해지거나 힘들어지지 않게 하려 노력한다.

경험이 많은 사람들은 사람의 속까지 보게 된다. 그래서 친구들에게 소개받은 남자들은 연애 상대로는 좋을 수 있지만 결혼 상대로는 위험할 수도 있다. 보는 눈이 나이별로 비슷하기 때문이다. 어른들이 결혼 상대로 남자를 소개하는 경우는 첫눈에 느낌이 통하는 연애 상대보다는 남편의 역할을 잘 수행할 수 있는 남자인가를 보며 소개하는 경우가 많다. 어른이 소개한 남자에게 필이 꽂히지 않는다고 남편감 목록에서 제외한 남자가 있다면 다시 한 번 잘 점검해보라. 진주를 알아보지 못했을 수도 있다.

자신의 주변에 있는 남자 중 남자의 냄새는 풍기지 않지만 남녀를 떠나 괜찮은 사람이라는 생각이 드는 사람이 있다면 나이 든 선배나 어른에게 살짝 검토를 받아보라. 전혀 염두에 두지 않은 남자가 숨어 있는 보물일 수도 있다. 남의 것이 된 다음에는 후회해도 소용없다.

Point

연륜은 무시할 수 없다. 자신이 직접 경험하지 않았더라도 주변 사람들을 보며 간접 경험으로 남자 보는 눈을 쌓은 어른들은 남편감으로 정답에 가까운 남자를 잘 알아볼 수 있다. 어른들이 말하는 남편 고르는 법을 고리타분한 옛날 얘기라고만 무시하지 말고 귀담아 듣도록 해야 한다. 그것은 결혼의 실패 확률을 줄일 수 있는 방법이 되기도 한다. 또한 어른들에게 소개받은 남자가 아니어도 결혼을 염두에 두고 있다면 가까운 어른들에게 슬쩍 보여주는 것도 좋은 방법이다. 나이가 들수록 사람 보는 눈은 점쟁이에 가깝게 된다는 것을 잊지 말자.

08

왜 그 남자에겐
사람이 몰릴까

젊은이들의 사랑은 마음속에 있지 않고
눈 속에 있다.
　_세익스피어 William Shakespeare

　'유유상종'이라는 말이 있다. 끼리끼리 모인다는 뜻이다. 그래서인지 비슷한 성향의 사람들끼리 친한 경우를 많이 볼 수 있다. 그렇기 때문에 결혼하기 전에 남편이 될 사람의 친구들을 한 번쯤 살펴보는 것이 필요하다. 어떤 친구를 만나느냐에 따라 독이 될 수도 있고 약이 될 수도 있다.
　연애할 때는 몰랐는데 막상 결혼한 후에 방해가 되는 친구

결혼하기 좋은 남자 찾기

가 있을 수도 있다.

연애할 때는 여자 관계가 복잡한 친구를 보고 여자 친구가 "저런 친구와 친한 것이 싫다"고 하면 "아주 친하지는 않다", "저 친구의 저런 모습을 우리 친구들도 싫어한다", "나도 저런 모습이 싫어 아주 가까이 하지는 않으니 걱정하지 말라"며 안심시키지만, 자주 어울린다면 그런 친구의 모습이 자신에게도 있기 때문인 경우가 많다는 것을 그냥 넘기지는 말아야 한다.

이런 친구들이 부부싸움의 불씨가 되고, 잦은 부부싸움은 이혼으로 연결될 가능성이 높다.

남편이 친구들과의 관계를 잘 조절해서 아내가 신경을 안 쓰게 만들면 상관이 없겠지만 남편이 의리를 더 중요시한다면 문제는 달라진다. 난잡하거나 씀씀이가 큰 친구들과 어울리다 결혼 후에는 거리를 두고 아내의 마음을 다치지 않게 하려는 남자들도 있다. 하지만 자신도 그런 생활을 즐기는 남자들은 의리로 뭉쳐진 친구들과 절대 거리를 두지 않고 오히려 아내에게 '내조를 못 한다'며 적반하장으로 나오기도 한다.

그래서 남편의 친구들을 살펴볼 때는 이러한 점을 점검해봐야 한다.

1. 돈 씀씀이들이 크지 않은가

친해서 돈 많은 친구가 낸다고 하지만 친구가 한 번 내면 나도 어느 정도는 내야 친하게 된다. 아무리 재벌 급의 친구라도 늘 골든벨을 울릴 수는 없을 것이다. 씀씀이가 맞으니 자주 보고 친하게 되는 것이다. 이런 친구들과 아주 가깝게 어울리는 남자라면 결혼 후 월급이 고스란히 아내에게 들어올 것이라고 장담할 수 없다. 집안에 돈이 많지 않은 남자라면 어떤 돈으로 쓸 것인가. 카드 빚에 생활비 적자의 악순환을 만들어낼 소지가 충분하다.

2. 술과 모임을 좋아하는 친구들인가

남자 친구들끼리 모여 술자리를 즐기며 대화를 나누는 것은 술을 할 줄 아는 사람들에게는 스트레스를 푸는 길이다. 그런데 호프집이나 포장마차가 아닌 곳에서 저녁 식사를 하면서 소주를 마시고 이차는 늘 여자들과 대화를 하며 술을 마시는 바나 단란주점들을 배회하는 친구들이 많다면 내 남자도 그런 것들에 물들어 있을 확률이 아주 높다. 그런 곳에 가서 술을 먹어야 술 먹은 기분이 난다는 남자들이 의외로 많다. 연애할 때는 포장마차나 호프집을 간다고 하지만 결혼 후에 월급봉투나 카드 청구서를 보면 기겁을 하게 만드는 남자일 수 있

다. 그런 것에 한번 맛들인 남자라면 쉽게 유혹을 끊지 못한다는 것을 알아두자.

3. 도박성이 있는 사람들이 많지 않은가

모이면 포커나 화투 등을 하면서 친목을 다지는 남자들이 있다. 재미로 하는 것은 괜찮지만 판돈을 많이 걸고 지나치게 게임을 즐기지는 않는지 잘 살펴보아야 한다. 이런 것들로 친목을 다지는 남자들은 시간 가는 줄 모르고 밤을 새면서 게임에 빠지는 경우가 많다는 사실도 잘 따져봐야 한다. 도박성이 강한 남자들은 꼭 포커나 화투가 아니더라도 당구, 골프 등도 돈을 걸고 밤을 새면서 하기도 한다. 연애할 때는 여자 친구를 위해 열심히 해서 돈을 땄다며 근사한 곳에 데려가 눈과 입을 즐겁게 해주고 선물을 사주면 박수를 쳐줄 수 있지만, 습관성으로 자리잡은 그런 모습을 결혼 후에도 보여준다면 결혼생활이 어떨지 상상하기도 싫을 것이다.

이 세 가지가 결혼생활을 유지하는 데 가장 큰 위협이 되는 요소일 수 있다. 친구들과 어울리기 위해 한두 번 거짓말을 하다가 그것이 습관으로 자리 잡는다면 부부 사이에 불신까지 생길 수 있음을 잊지 말자.

Point

'유유상종', "손바닥도 마주쳐야 소리가 난다"는 말처럼 친구의 단점을 알지만 친하게 지내면서 자신은 절대 그러지 않는다는 말은 '사실 내 모습이지만 아직 들키고 싶지 않다'는 속마음일 수 있다는 것을 생각해보고, 자주 어울리며 친분을 과시하는 주변 사람들에 대해 망원경을 가지고 살펴보도록 하자. 결혼 후 등 뒤에 칼이 꽂히는 배신을 남편에게 당할 수도 있다는 것을 잊지 말자.

09
대략난감!
마마보이냐, 효자냐?

사람은 사랑하는 이상 용서한다.
_라 로슈푸코 La Rochefoucauld

    남자들은 '마마보이'라는 말을 가장 듣기 싫어한다. 특히 자존심 강하고 남자인 척하는 이들은, 주체성이 없고 엄마 치맛자락을 붙잡고 어디든 따라가려는 남자를 칭하는 마마보이라는 단어를 남자들에게 오명을 씌우는 말이라며 반박하기도 한다.
    그런데 마마보이와 효자는 다르다. 효자는 어머니를 생각하는 마음이 깊어 어머니 말을 따르지 않을 수 없어 마마보이처럼 보이기도 한다. 하지만 효성이 지극해 어머니 말씀을 따르는 것과 어머니 말이라면 자신의 생각 없이 무조건 따라가는 것은 다르다. 어머니 치마폭에 싸여 행동하는 남자는 마마보이일 확률이 높다.

자존심 강하고 주체성이 강해 보이는 K의 모습이 좋아 결혼하게 된 J는 결혼 후에 밖에서 보여지는 모습과 시어머니 앞에서의 K 모습이 극과 극인 것을 보며 황당했다.

J는 K와 결혼을 약속하고 그의 집에 드나들면서 가족애가 돈독하고 특히 어머니에게 효성이 있는 K의 모습을 보면서 남편감으로 더 믿음이 가 결혼을 결심하게 되었다. 이런 남자라면 가정적일 것이라는 확신이 들었다.

남자들은 보통 아버지와 더 친밀한 경우가 많은데 어머니와 서로 마음이 잘 맞는다는 말을 들었을 때도 '어머니 중심의 집이니 가족애가 돈독한가 보다'라고만 생각했다.

결혼을 준비하면서부터 삐걱거림이 있었지만, 가정적인 남자니 평생 마음 고생을 안 시킬 것이라는 믿음으로 결혼을 추진한 것이 스스로 무덤을 판 격이 되고 말았다.

서구식으로 사는 집이라 보료 같은 것은 필요 없다며 허례허식이 많은 한국의 결혼 문화를 반대한다는 식으로 호탕함으로 보였던 시어머니가 예단 이야기가 나오자 언제 그런 말을 했냐는 식으로 돌변했다. 한국식 예단 문화는 반대지만 큰아들 장가를 보내는 것이니 남들의 눈은 의식해야 한다는 것이었다. 결혼 이야기가 나오기 전까지 자신은 합리적인 사람이라고 말했던 시어머니가 결혼날을 잡고 본격적으로 예단 이야기를 주고받게 되자 한국식 예단 문화 예찬론자가 된 것이다.

'시어머니라는 자리가 그런 것이구나' 하며 배신감을 느꼈지만 한국에서의 결혼은 주변 친지들에게도 보이는 것이라 그럴 수 있다고 이해하려 애쓰며 결혼 준비를 했다.

"우리 엄마는 합리적인 분이셔", "좋은 시어머니가 되실 거야"라며 자기 어머니는 외국에서 오래 살아서 다른 한국 어머니들과는 다른 분이라고 입에 침이 마르게 칭찬을 하는 K를 보며 얄미웠지만, 결혼 추진 중에는 누구나 겪는 갈등이라 여기며 결혼을 했다.

역시 우려했던 대로 결혼 후에도 "어머니가, 어머니가……"를 입에 달고 살며, 친정에 가기로 한 날도 "어머니가 집에 와서 밥 먹으래" 하며 선약을 깨는 일도 많아졌다.

싸우다 서로 각자의 집으로 가자며 화를 내는 J에게 "그럼 난 어머니 집에 갔다 올게"라는 식으로 어머니 말을 거절 못하는 K와 늘 시어머니 문제로 다투게 되었고 부부 사이도 멀어지게 되었다.

더 큰 문제는 K가 자신의 문제를 알려 하지 않고 "당신이 시어머니를 싫어한다"며 J를 몰아세우는 통에 J는 결혼생활을 지속해야 하는지 심각히 고민하고 있다고 한다.

남의 이야기니 '그냥 그러려니 하고 넘어가지'라고 쉽게 말할 수 있지만, 당사자에게는 극심한 스트레스가 아닐 수 없다.

이런 경우 아들을 앞세워 며느리를 조종하는 시어머니보다 한 가정의 가장이면서 시어머니의 조정에 가정의 불화를 만들어내는 남편이 더 밉고 신뢰가 안 가게 된다.

마마보이는 어머니 말이라면 무조건 순종하며 아내와 어머니 사이에서 중간 역할을 하려 하지 않는다. 그러다 보면 며느리는 '시댁을 싫어하는 여자', '시댁에 소홀한 여자'로 낙인찍혀 시댁과의 갈등도 겪게 된다.

하지만 효자는 부모님을 존경하고 공경하지만, 가장으로서 아내나 처가에도 소홀하지 않는 책임감을 보여준다. 효자는 처가나 가정에 금이 가는 언행을 하지 않는다는 것을 알아야 한다.

마마보이인지 효자인지는 결혼 말이 오가면서 알 수 있게 된다. 어머니 치마폭에 쌓여 있는 끔찍한 마마보이인지 효성이 지극한 효자인지를 잘 살펴보라.

비슷해 보이지만 그들 사이의 큰 차이는 결혼생활의 행복과 불행, 극과 극을 맛보게 할 것이다.

Point

효자 앞에 효부 없다는 말이 있듯이 마마보이 앞에 좋은 며느리는 없다. 심하면 아들과 시부모 사이의 이간질자로도 전락해버릴 수 있다.

마마보이들에게는 공통적인 몇 가지 특징이 있다.

- "우리 엄마가~"라는 말을 자주 한다. 예를 들면 "우리 엄마가 이렇게 하라고 했어", "우리 엄마는" 등의 말로 엄마의 의중을 따를 것을 은근히 종용한다.
- "엄마한테 물어보고"라며 엄마를 우선시한다. 결정권이 엄마에게 있다는 듯이 성인 같지 않은 말을 자주 한다.
- "엄마한테 말했어"라며 엄마와 아들 사이에 비밀이 존재하지 않는다. 모든 것을 엄마에게 고자질하듯이 말을 전달해 아내를 이상한 존재로 만들어버리기도 한다.

둘이 아무리 좋아도 남자가 가장으로서의 주체성을 잃고 시어머니에게 휘둘리면 싸움과 갈등으로 부부 사이에 금이 가게 된다. 한 번 신뢰가 깨지고 소통이 단절되면 관계 청산이라는 결론을 내릴 수밖에 없는 상황이 되기도 한다. 피로 맺어진 형제도 남처럼 지내는 것을 간혹 보지 않는가.

　결혼 전에 시어머니와 예비 남편과의 관계가 일반적인 모자 관계인지, 어머니 말에는 무조건 복종하며 좌지우지되는 관계인지 잘 살펴보아야 한다. 마마보이는 자신의 아내를 나쁜 아내, 몹쓸 며느리로 만든다는 것을 알아야 한다.

10
결혼 전에 봐야 할 시댁의 민낯

사랑을 하고 있는 사람의 귀는
아무리 낮은 소리라도 다 알아듣는다.
_셰익스피어 William Shakespeare

　사랑에 눈이 멀면 단점이 장점으로 보이기도 하고, 연애를 오래 해 남자의 단점을 봐도 살아온 환경 때문에 생긴 나쁜 습성이나 가치관 등의 깊은 부분은 알아채지 못하고 결혼하는 경우가 있다. 아무리 연애를 오래 했어도 같이 사는 것은 다르다.
　결혼 후에 '이건 아닌데', '왜 진작 이런 걸 알아보지 않았을까?' 하는 후회가 크면, 결혼생활의 유지까지 고려하게 되기도 하는 것이 남자의 살아온 가정환경이나 가치관 때문에 부딪치는 갈등이다.

교양 있는 집이냐 아니냐를 따지라는 것이 아니다. 시댁이 시골인 여자들은 교양 있어 보이는 도시형 시댁들과 살고 싶다고 한다. 또한 도시형 시댁들과 살아 갈등을 느끼는 여자들은 허물 없이 지내는 시골형 시댁이 낫다라고 다른 환경을 부러워하기도 한다. 이렇듯 겪지 않은 것에 대해 부러워하는 것은 많은 여자들이 흔히 품을 수 있는 마음이다.

J는 남자 K가 폼생폼사형으로 사는 듯해 보이지만 그래도 성실한 면이 있어 남편감으로는 든든할 것이다라는 믿음으로 그와 결혼을 했다.

결혼 전 시어머니와의 인사 자리에서 '결혼하면 피곤할 것이다'는 생각은 했었다.

K는 남들이 고급이라고 부르는 중식당을 예약해놓았고(어머니가 고급스러운 곳으로 해야 한다고 했단다) 인사 자리에 나가니 시아버지 되실 분은 바쁘시다며 대신 시이모가 동석해 시어머니 대신 이것저것 질문을 했다.

시이모가 질문을 하면 그만 하라는 식으로 고상한 척하는 시어머니를 보며 '시집살이를 시키겠지만 고상한 척하니 남들이 보기에 며느리 눈물 나게는 안 하겠지'라는 생각으로 위안을 삼으며 그 자리를 넘겼다고 한다. 또한 시아버지 될 분은 볼 때마다 흐뭇하게 웃음을 지어주시니 며느리 사랑은 시아버지라고 큰 설움 있는 시집살이는 안 할 것이라고 믿었다.

결혼 말이 오가고 시댁에 가 식사를 하는 경우가 빈번해지면서 예비 시댁은 시아버지가 아닌 시어머니가 중심이라는 것을 알았다.

남자의 폼생폼사는 어머니 영향을 많이 받은 것이었다. 식사를 하든 차를 마시든 고급스러운 곳에 가야 하고 약속 장소에서 만나면 되는 것을 돌아서라도 J가 차로 모시러 가야 하게 만들었다.

결혼 전에는 누구나 시어머니에게 잘 보여야 한다는 생각을 하기에 대부분의 여자들이 부당하다 생각되는 부분도 반박하지 못한다.

고상하고 교양 있어 보이는 시어머니가 실제로는 그런 척만 하는 것이 아닌가라는 생각이 들면서 결혼을 해도 되는지 심각하게 고민했다고 한다.

더구나 시어머니가 늘 시이모를 통해 다른 집 며느리들과 비교하는 말을 J에게 간접적으로 전하려 한다는 느낌을 받으며 결혼에 대해 갈등했지만, 오래 연애했고 연애 시절 K가 J에게 한 태도를 보며 '남자 하나 믿고 사는 것이지'라고 스스로 위로하려 했다.

상견례를 한 후 J의 어머니도 "너 시집 가면 마음 고생 할 것 같은데 잘 생각해보지"라는 말을 했지만 '결혼 앞둔 딸에게 어머니가 한 번쯤 하는 말이고 마음이겠지' 하며 눈물은 나지만 넘기려 했다.

시댁 식구들과의 외식은 늘 고급 식당에서 해야 했다. 남편과 시어머니의 욕구를 충족시키기 위해서였다.

가족애가 유난히 좋은 것 같아 '결혼 후에는 자신도 그 속에 끼어 행복할 수 있을 것이다'는 생각은, 결혼 후 물위에 뜬 기름처럼 J만 어울리지 못하는 신세가 되고 나서야 현실과 상상은 다르다는 것을 뼈저리게 느꼈다고 한다.

성실한 남편은 결혼 후에도 시어머니 가정의 구성원일 뿐이었다. 게다가 시이모들과 끈끈한 정을 이어가는 가정이라면 며느리 입장에서는 여러 명의 시어머니를 모시는 격이 된다.

남편이 '이제 가장이 되었으니 내 가정부터 지킨다'는 생각을 가졌다면 남편 하나 믿고 이겨나갈 수 있을 것이다. 하지만 남편이 시어머니, 시누이, 시이모 등 시자 여자들에게 휘둘리는 남자라면 갈등의 골이 깊어지고 결국은 관계 청산으로까지 이어질 수도 있다.

J도 여러 일들을 겪으며 남편에게 남편으로서의 역할을 요구했지만 시어머니의 마음만 생각하는 남편과 조율이 안 되어 결국 이혼하고 말았다고 한다.

부자가 좋은 곳을 찾고 명품을 고집한다면 '돈이 있으니까'라고 이해는 하게 된다. 하지만 넉넉하지도 않은데 시댁에서 고급과 격을 강요하는 것은 아들 부부 사이에 불화의 원인이 된다. 게다가 남편이 중간 역할을 못해 맺고 끊고를 잘하지 못한다면 상황은 더욱 심각해질 것이다.

화목해 보이는 겉만 보지 말고 결혼 전 자주 남자 친구의 집을 방문하고 접해, 내적으로 자리 잡은 문화를 잘 읽어보고 자신이 헤쳐나갈 수 있는 부분인가를 고려해보아야 한다. 너스레를 잘 떨고, 아닌 척할 수 있는 여우 기질을 갖고 있으며, 남자를 많이 사랑한다면 이겨나갈 수도 있다. 드라마처럼 '시'자 여자들을 녹다운시키고 남자를 자신의 편으로 만드는 승리를 이뤄낼 수도 있기는 할 것이다. 이런 여자들은 시자 여자들과 기 싸움하느라 남편과 싸울 일이 없을 것이고, 오히려 남편을 내 편으로 만들기 위해 남편에게 최선을 다함으로써 사랑이 더 돈독해질 수도 있다.

스스로 그럴 자신이 있는지 잘 따져본다면 힘든 결혼은 아닐 것이다. 연애 기간이 짧을수록 깊은 부분을 볼 수 없기는 하다. 그렇지만 강한 성향들은 오랜 시간이 지나지 않아도 나타나는 법이다. 뭔가 찜찜한 부분이 눈에 띄면 가볍게 넘기지 말고 확대경을 대고 세밀하게 들여다보자.

그런 것들이 결혼 후 부부 사이에 가장 큰 문제점으로 작용할 수도 있고, 그것 때문에 가슴 치며 후회해도 이미 소용없다. 자신이 가장 큰 피해자가 될 수 있다는 것을 알아야 한다. 스스로 피해자가 된다면 누구를 원망할 수도 없다.

Point

폼생폼사인 남자는 어머니든 아버지든 부모님의 성향을 물려받았을 확률이 높다. 남편만 폼생폼사라면 바꿔나갈 수도 있지만 가족 중 누군가의 영향을 받은 것이거나, 가족의 분위기가 그렇다면 오히려 며느리만 남편 내조를 못하는 여자로 몰리게 된다.

또한 가족 분위기가 험악하다면 남자에게 폭력적인 부분이 숨겨져 있지는 않은지, 가족친척 간 갈등이 많은 집안은 아닌지 살펴보아야 한다. 이런 환경에서 살아온 남자는 피해의식이 있거나, 결혼 후에 그 폭력적인 성향을 아내에게도 보일 수 있다.

빚으로 허덕이는 가정이라면 경제 관념이 부족하거나, 혹은 결혼 후에 시댁의 빚을 부부가 모두 갚아나가야 하는 상황이 발생할 수도 있다. 재정적인 상황을 전혀 몰랐다가 결혼 후 배신감을 느낀다 해도 그때는 이미 늦었다.

서로 다른 환경에서 자란 두 사람이 맞추어나가는 것도 힘든 게 결혼생활이다. 하물며 주변 사람들로 인해 생기는 갈등은 둘만의 노력으로 해결할 수 없는 문제가 되어 갈등의 골을 깊게 만든다는 것을 알아야 한다.

결혼 전 남자를 볼 때
점검해야 할 10가지

1. 심성이 착한지 보라

심성이 착한 사람들은 자신의 잘못을 인정할 줄 알고 똑같은 잘못을 저지르지 않으려 노력한다. 이성적이고 객관적인 시각으로 보면 사랑의 눈으로 볼 때는 몰랐던 것이 보인다. 간혹 심성이 교활하고 진실성이 없는 사람이 있다. 본성이 어떤지 잘 검색해보라.

2. 의존이 심한지 보라

스스로 삶을 꾸려나갈 생활력이 강한지 살펴보아야 한다. 누구나 인생을 살면서 한두 번은 어려움을 겪게 된다. 그럴 때마다 여기저기 의존하며 살 수 없다. 결혼할 정도의 성인이라면 자신이 헤쳐나가야 한다.

3. 남자다운지 보라

남자다운 척하는 것과 남자다운 것은 다르다. '척'하는 사람은 그 실체가 드러나는 것은 시간문제다. 이런 남자는 결혼 후에 여자들에게 군림하려 하거나 사사건건 참견하는 모습들을 보일 수 있다. 척이 강한 사람은 아집도 강하다는 것을 알아야 한다.

4. 주변 친구들을 보라

주변 친구들을 보면 내 남자와 닮은꼴들이 많다. 친한 데는 분명히 이유가 있다. 물론 여러 부류들을 사귀는 남자라면 주변에 난잡한 친구를 한두 명 둘 수도 있지만 절친이 그런 부류라면 내 남자도 그런 성향인데 꼬리를 감추고 있을 가능성이 있다는 사실을 놓쳐서는 안 된다. 결혼 후에 많은 여성들을 가슴 치게 하는 여러 이유 중 하나가 된다.

5. 남자들이 말하는 평가에 귀 기울이라

남자가 보는 남자와 여자가 보는 여자의 평가가 다른 경우가 많다. 동성이 보기에 남자다운 남자라 할 수 없는 사람들이 많다. 이런 남자를 만나면 결혼 후 여자가 피곤해질 수 있다. 의리를 지나치게 강조하는 남자들이 '남자답다'라고 하는 경우에도 유심히 살펴봐야 한다.

6. 씀씀이를 잘 보라

연애할 때는 좋은 선물과 근사한 레스토랑이 여자들의 욕구를 충족시켜준다. 그런데 자신이 누린 행복감이 고스란히 빚이라는 이름으로 결혼 후 자기 앞에 놓일 수도 있다. 빚을 내서 환심을 사는 사람은 평생 그 버릇을 못 고치는 사람일 수도 있다는 것을 명심해야 한다. 폼생폼사로 사는 남자일 확률이 높다.

7. 능력을 보라

현재의 능력도 중요하지만 그 능력이 계속 이어질 수 있는 것인지 따져보라. 결혼생활의 종지부를 찍는 원인 중 경제적인 이유가 가장 많다는 것을 알아야 한다. 어려움이 와도 헤쳐나갈 능력이 있어야 결혼생활을 오래 유지할 수 있다. 안이하게 사는 남자들은 풍파 앞에서 좌절하지만 생활 능력이 있는 남자는 헤쳐나가는 힘을 발휘한다.

8. 아집 센 남자인가를 보라

아집이 센 남자는 절대 자신의 잘못을 인정하지 않고 여자에게 잘못을 전가하며 힘들게 하는 성향일 확률이 있다. 연애할 때는 리더십이 있어 보이지만 결혼 후에는 서로 팽팽하게 신경전을 벌여야 하는 경우가 많다. 쓸데없는 것에 고집을 부리지는 않는지 잘 살펴보라.

9. 거짓말이 습관적인지 보라

거짓말을 밥 먹듯 습관적으로 하는 남자가 있다. 들통이 나면 오히려 여자에게 피곤하게 한다든지, 의심병이 있다고 몰아붙이는 악랄함을 보이기도 한다. 원만한 결혼생활을 위해 선의의 거짓말을 하는 경우도 있다. 하지만 습관적으로 하지 않아도 될 거짓말을 달고 사는 듯한 남자들이 있다. 자신을 합리화시키기 위해서 말이다. 이런 남자들은 나쁜 꿍꿍이를 품고 있을 확률도 있다는 것을 놓치지 말라.

10. 가족들과의 관계를 잘 살펴보라

가족애가 유난히 좋은 집이 있다. 이런 집의 남자는 마마보이, 누나보이일 가능성이 높다. 시월드와의 갈등으로 이혼에 이르게 되는 경우도 많다는 것을 알아야 한다. 끌려가는 형인지 합리적으로 맺고 끊기를 잘하는 스타일인지를 잘 살펴보아야 한다.
가족 관계도 중요하지만 자신이 이룬 가정을 먼저 생각하며 지키려는 의지가 있는지를 봐야 한다.

3단계

이 남자, 결혼해도 될까요?

결혼하기 좋은 남자는
어떤 조건을 갖춰야 하는가

'좋은 남자'와 '나쁜 남자'를 구분하는 기준은 결국 각자의 가치관이다. 내게는 나쁜 남자가 다른 여자에게는 좋은 남자일 수 있기 때문이다.

예를 들면 친구들에게 인기 많은 남자가 가정을 중요하게 여기는 여자에게는 별로일지 몰라도, 사회성을 중요하게 생각하는 여자에게는 최고의 남자가 되는 것처럼 말이다.

하지만 인생 선배들의 조언을 참고하여 어느 정도 나쁜 남자와 좋은 남자의 기준은 세울 수 있다. 잘못된 선택이 인생을 망치는 지름길이 될 수도 있기 때문에 결혼할 때는 그만큼 신중해야 한다. 많은 사람의 이야기를 통해 간접 경험으로나마 좋은 남자를 보는 눈을 가진다면 인생의 쓰라린 실패는 피하거나 줄일 수 있다는 것을 알아주길 바란다.

　이 책을 읽고 내 남자가 나쁜 남자의 항목에만 들어간다고 푸념하거나 실망할 필요는 없다. 자신의 생각에 따라 얼마든지 좋은 남자로 만들 수도 있다. 하지만 평생 고쳐지지 않는 나쁜 근성을 가지고 있지는 않은가 세밀하게 관찰할 필요는 있다는 것이다.

　자신은 고쳐나갈 수 있다고 자신하지만 남자가 고집이 세고 가부장적이라면 여자의 뜻대로 바뀔 가능성은 매우 낮다. 자신의 뜻대로 상대를 움직이려 들면 결국 싸움과 갈등만 쌓이게 되는 것은 뻔하다. 결혼 전부터 고칠 수 있는지 실험해보는 것도 자신감이 배신감으로 바뀌지 않게 만드는 길이 될 수 있다.

　이번 장에서 나쁜 남자와 좋은 남자를 비교한 내용은 절대적인 것이 아니고, 독자들보다 인생을 조금 더 산 인생 선배가 다양한 경험과 사례를 듣고 본 것을 바탕으로 하는 조언이니 인생의 동반자를 고를 때 참고하길 바란다.

01
자존심 강한 남자
vs 너무 순한 남자

　남녀 할 것 없이 누구나 자존심이 있다. 그러나 자존심의 기준은 다를 수 있어 자신의 입장에서는 자존심이 무척 상하는 일이지만 상대는 아무렇지 않게 생각하고 넘기기도 한다.

　여자들보다는 남자들이 자존심 타령을 많이 한다. 특히 가부장적인 가정에서 태어난 장남들은 남자로서 지켜야 할 자존심을 매우 중요시하기도 한다. "호랑이는 굶어 죽어도 풀을 먹지 않는다"는 말처럼 힘들어도 남에게 얻어먹어서는 안 된다는 것을 가장 큰 자존심으로 생각하고 있는 남자들이 꽤 있다.

자존심에 대해 이런 생각을 가지고 있는 남자를 남편감으로 맞는 여자들은 가정 경제가 힘들어도 줄어들지 않는 남편의 자존심 유지비 때문에 적잖은 부부싸움을 벌이게 된다. 남자의 지갑이 두둑해야 자존심이 꺾이지 않는다는 철학을 가진 남자들은 아내에게 경제권을 절대 넘겨주려 하지 않고 "남자가 생활비를 주는 대로 가정 경제를 꾸려가야 하는 것이 여자의 도리다"라고 못 박기도 한다.

일반적으로 남자들이 자존심 상한다고 생각하는 것은 다음과 같다.

- 여자가 남자를 깔고 뭉개려 한다.
- 남자의 지갑이나 카드 명세서는 절대 열어봐서는 안 된다.
- 자신의 친구들 앞에서 자신을 우습게 만든다.
- 부부싸움을 하는 경우에 남자의 얼굴을 때려서는 안 된다. 남자들은 따귀 맞는 것을 가장 기분 나빠하며 자존심을 심하게 건드리는 것이라 생각들을 많이 한다.
- 남자답지 못하다는 말에 가장 불쾌해하며 자존심을 건드렸다고 생각한다.

남자로서의 자존심을 중요하게 생각하는 남자를 남편감으

이 남자, 결혼해도 될까요?

로 맞이하면 사소한 것에서 티격태격하다 큰 부부싸움으로 번지는 일을 자주 겪게 된다. "남편을 뭘로 보고", "그래도 난 남자인데", "남녀가 구별이 있는 법인데"라는 말들을 자주 늘어놓아 시대가 변했다는 것을 인정하지 못하는 사람인가 하는 생각이 들게도 한다.

사실 결혼을 했다 해도 서로를 존중해주는 것이 바람직한 부부상이기는 하지만 남자로서의 자존심을 강하게 내세우는 남자들은 아내를 배려하기보다는 자신이 대우받으려 하고 여자의 도리를 강조해 마찰을 빚는다.

또한 자존심이 센 사람은 직장생활에서도 매번 부딪쳐 직장을 금방 그만두기도 한다. 누군가와 싸웠을 때에도 쉽게 사과하지 않는다. 설령 그게 부부싸움일지라도 말이다.

반면 자존심이 없어 보이는 남자들은 위의 남자와는 정반대의 모습을 보인다.

- 여자가 말을 하면 바로 긍정의 답을 하며 여자의 말에 따른다.
- 친구들 앞에서도 여자에게 대우받으려 하기보다는 여자를 더 대우해준다(여자에 대한 배려심이 있는 남자인 경우도 있지만 그 중엔 여자의 기에 눌려 사는 듯한 남자들이 있다).

· 갈등이 생기면 잘잘못 없이 무조건 사과한다.

자기 남자가 위의 항목에 해당하는 모습을 보이면 자존심이 없는 것인가 아니면 자존심을 버린 것인가 하는 생각이 들기도 할 것이다.

당당한 남자를 좋아하는 여자는 이런 모습의 남자에게 남자의 향기를 느끼지 못해 관심이 가지 않을 수도 있다. 또한 내 남자가 우습게 보이는 게 싫다는 생각을 하는 여자는 그런 남자의 언행을 보고 개념없는 남자로 평가해버린다.

자신의 마음에 꼭 드는 남자가 몇이나 될까. 아니 있기는 한 것일까? 남편에게 불만스러운 건 하나도 없고 남자로서, 남편으로서 대만족하는 여자들은 천생연분을 만났다, 남자 복이 있다고 하겠지만 연애 시절부터 이런 모습은 바뀌었으면 하는 부분들이 하나씩은 있게 마련이다. 여자의 성격이 무척 긍정적이라 모든 것을 수용하고 너그럽게 봐 넘기지 않는다면 말이다.

자존심이 너무 강한 남자가 여리고 순종적인 여자를 만나면 서로가 맞추어주며 살 수 있다. 그러나 여자 또한 자존심이 강하다면 서로가 상대를 부러뜨리려 하는 적과의 동침이 될 수밖에 없다.

자존심이 너무 없어 보이는 남자는 남자다움을 느낄 수 없다며 남편으로서 대우를 해주고 싶지 않다는 생각이 들게 되기도 한다. 여자가 내 남자는 남자다워야 한다는 철학을 가지고 있다면 더더욱 그럴 것이다.

무엇이든 너무 지나치면 없느니만 못하다는 말이 맞다. 결혼 전에 서로 파악해보고 지나친 부분은 조율해나가며, 남자가 약해 보인다면 여자가 기를 살려주려 노력하는 것이 결혼생활을 파탄 없이 지속시켜 나가는 방법이다.

쓸데없는 자존심을 끝까지 버리지 못하는 남자라면 결혼을 다시 한 번 생각해보는 것이 좋다. 남자에게 조금만 변해 달라 요청해도 그는 자기 자존심을 꺾는 것이라 마음 상해 할 것이다. 그러나 자존심이 없어 보이는 남자는 여자가 남자의 기를 살려주며 자신감 넘치는 모습으로 만들어갈 수 있는 여지는 있다.

자존심이 강하거나 없는 남자도 좋은 남편감 자질이 있다면 여자의 처신에 따라 달라질 수 있으므로 배제하려 하지 말고 가능성을 열어두자. 나의 성향을 먼저 알고 인정한 후, 두 유형 중 자신이 잘 컨트롤할 수 있는 사람을 선택한다면 행복한 결혼생활을 유지할 수도 있다.

02
부모님이 돈 많은 남자
vs 자수성가한 남자

    집에 돈이 많은 남자와 부유하지 않은 가정이지만 자신의 능력으로 돈을 많이 벌어 경제적 여유가 있는 남자가 있다.

    돈이 없는 남자보다 돈이 있어 마음의 여유가 있는 남자가 데이트할 때 여자의 행복지수를 높여주는 것은 사실이다. 멋을 알고 감성지수가 높은 여자일수록 남자가 멋진 곳으로 드라이브를 시켜주거나 분위기 좋은 곳에 데려가 맛있는 식사를 사주고 가끔씩 선물 공세를 하면 사랑받는다는 생각에 기분이 좋아져 사랑지수, 행복지수는 당연히 높아지게 된다.

이 남자, 결혼해도 될까요?

다른 건 필요 없고 사랑하는 남자와 함께 있는 것 자체만으로 행복하다고 생각하는 여자가 아니라면 말이다. 물론 이런 여자들도 있다. 하지만 대부분 여자들의 사랑지수는 분위기와 기분으로 높아진다.

요즘처럼 물질을 중요시하는 시대에 돈이 없는 것은 데이트를 떠나 일상생활에 불편함을 준다. 가정이 부유한 남자들은 돈을 버는 것이 얼마나 힘든 일인지 모르기에 자신의 돈은 마르지 않는 샘이라는 환상을 가지고 써대기도 한다. 이런 남자들과 사귀면 연애 시절에는 행복감을 무한대로 누릴 수 있다. 하지만 남자는 집에서 돈줄을 끊거나 자신의 능력으로 경제력 지탱이 힘들어지면 좌절하게 되고, 그동안 부모에게 의존하며 살았듯이 여자에게 의존하려 들어 결혼생활의 파탄을 맞기도 한다.

집안이 부유하지는 않지만 여유 있게 살아왔고 자신의 능력이 뛰어나 경제력을 갖게 된 남자들은 돈을 쓰는 데에도 인색하지 않다. 그러나 어렵게 살아온 환경을 뛰어넘기 위해 필사적으로 노력해 능력을 갖게 된 남자들은 자신이 쓴 만큼 돌려받기를 바라기도 한다.

연애할 때는 여자에게 잘 보이기 위해 돈을 많이 쓰지만 결혼 후에 아내가 경제적 능력이 없다면 무시하려 들거나 돈을 쓰는 것에 사사건건 간섭하려 하고, 더 심하면 야비함을 보이기도 하는 남자들도 있다.

또한 자신의 능력으로 경제적 풍요로움을 갖게 된 남자 중에는 경제적으로 궁핍함을 느끼며 산 것에 대한 보상심리로 재벌2세라도 된 양 돈을 펑펑 써대며 만족감을 느끼는 남자들도 있다. 이런 남자들은 결혼 후에 예고되지 않은 경제적 손실이나 파산 등의 일들을 겪으면 포악성을 드러내기도 한다. 물론 사람의 성향에 따라 오히려 전화위복을 만들어내기도 하지만 이는 극소수라는 것이다.

연애 때의 행복지수만 생각하지 말고 결혼 후에 어떤 남편이 될 것인가 하는 인성을 잘 살펴보아야 한다.

돈이 없는 남자와 연애할 때는 사람은 좋아도 뭔가 2퍼센트 부족하다는 느낌을 받게 되어 결혼해도 될까 갈등하기도 한다. 멋을 알고 누려야 한다고 생각하거나 현실적인 여자라면 더더욱 그렇다.

남편감으로는 좋은 남자지만 매력이 없다고 생각해 결혼 대상자에서 제외시켜버린 후, 세월이 흘러 그 남자가 경제적 기반을 닦게 된 것을 보며 배 아파 하는 여자들도 많이 봤다.

현재의 돈이 많고 적고도 중요하지만 미래에 어떤 능력이 있을지 혜안을 가지고 남자를 평가하는 것이 현명한 미래를 만들어가는 방법이다.

　물론 어린 나이부터 돈에 대한 개념에 눈을 뜬 여자들은 사랑만으로는 살 수 없다는 명제를 내세우며 조금 덜 사랑해도 경제적 기반이 든든한 남자를 선택하기도 한다. 경제력 부족은 살아가면서 순탄한 결혼생활의 큰 장해물이 되기 때문이다. 돈 문제로 이혼까지 가는 부부들도 많다.

　부모 잘 만난 덕에 대학 때부터 자가용에 명품 옷을 즐겨 입고 해외여행도 자기 집 들락거리듯 하는 남자들은 누구에게 아쉬운 소리를 하지 못하고 돈이면 다 해결된다고 믿고 살기도 한다.

　부모가 돈이 많은 경우는 두 가지가 있다. 본래 집안이 좋고 대대로 돈이 많은 부잣집과 별 볼 일 없이 살다 재개발 바람이 불면서 땅값이 올라 하루아침에 돈 벼락을 맞듯이 부자가 되거나, 장사가 잘되어 부자가 되는 두 부류가 있다. 부모가 어떤 방법으로 돈방석에 앉았든 자식들 입장에서는 부모 덕을 톡톡히 보게 된다.

　전자의 부모는 가문을 중시 여기며 자식에게 돈 다루는 법을 어려서부터 가르치고, '끼리끼리'라는 말처럼 유치원부터 같은 부류들끼리 친구관계를 만들어주어 상류 사회 인간관계를 만들어준다. 이런 환경에서 자란 남자들은 싼 옷을 입어도 부티가 나고 하는 행동에서도 품위가 느껴진다. 어려서부터 몸에 밴 부자의 모습은 자연스럽게 나오기 마련이다.

대대로 부를 다룰 줄 아는 튼튼한 부자의 아들로 자라난 남자는 어려서부터도 직간접적으로 배운 경제에 대한 지식을 바탕으로 허튼 돈을 쓰지 않고 재테크의 기술도 배우게 된다. 물론 가정환경에 따라 다르기는 하지만 부모의 가정교육이 제대로 된 집은 어려서부터 돈 쓰는 법뿐만 아니라 돈 버는 법, 돈 세는 법도 배우게 된다.

그래서 아들 세대까지 부자의 길을 내려준다. 이렇게 제대로 된 부자의 길을 교육받고 보고 자란 남자들은 있는 돈을 물 쓰듯 하기보다는 돈을 굴려 쓰는 법을 알기에 금고 돈이 나가지 않고 기본 돈을 지키며 부유한 생활을 할 수 있게 된다. 그렇기 때문에 부자를 만났다고 로또라고만 생각할 게 아니다. 부자로 남는 법을 제대로 배운 남자들은 부자로 살지만 돈을 허투루 쓰지는 않는다.

이런 남자를 만났다고 늘 백화점에 가서 쇼핑을 즐기며 살 것이라고 생각했다면 결혼 몇 달 후 실망감을 감추지 못할 것이다. 풍족한 생활을 하는 반면 절제된 품격의 생활을 강요하는 집안일 수도 있다.

나이가 들어 결혼한다면 절제된 생활이 갑갑하다기보다 품격 높은 생활을 하는 것이 인생을 잘 사는 것이라 생각할 수도 있지만, 어린 나이에는 그저 신데렐라가 되었다는 부푼 꿈만 가지고 결혼을 할 수 있기에 몇 달 후 '이것은 내가 바라던 생활이 아니다'라고 생각할 수 있다는 것이다. 스스로 경제적 능력이 있어 자신이 버는 대로 써대며 살아온 여자라면 씀씀이를 절제하는 남자와 갈등을 빚게 되는 것은 뻔하다.

갑자기 부자가 된 집은 자신들이 부자라는 것을 보여주기 위해 돈에 대한 한을 풀듯이 돈을 쓰기도 해 자식 입장에서는 돈은 써도 써도 나오는 것이라는 잘못된 경제 관념을 가지게 되기도 한다.

이런 남자와 결혼하면 부모의 돈이 있는 동안은 풍족한 생활이 보장될 것이다. 그러나 살다 보면 예상치 못한 일들이 생기는 것이 인생이다. 보증을 잘못 서서 또는 갑자기 사업이 곤두박질쳐서 거덜 나듯이 망하기도 한다. 부모의 돈맛을 알고 자란 남자는 어려운 시기를 극복할 힘이 없고 나약해서 아내를 생활 전선으로 내몰기도 한다. 돈 쓰는 법만 알고 산 남자는 자신이 벌어서 부자의 길을 가야 한다는 의지보다는 돈을 잃게 된 상황에 대한 푸념만 늘어놓으며 한탕주의에만 눈을 돌리게 되기도 한다. 돈을 벌어본 사람만이 돈의 소중함을 알고 돈을 다루는 법을 알게 된다.

부모의 재산은 없지만 대학 때부터 경제에 눈을 떠 스스로 돈을 벌며 공부를 해서 부자가 된 남자들도 의외로 많다. 이런 남자들은 부모가 부자라 돈의 소중함을 모르고 물 쓰듯 하는 남자와는 돈 쓰는 법이 달라 여자의 눈에 꽁생원으로 보일 수도 있다.

하지만 결혼은 1, 2년으로 끝나는 것이 아니다. 부모의 돈이든 자신이 능력이 많아 돈을 벌었든 폼생폼사로 사는 남자보다는 돈을 굴려가며 자산을 불리며 돈을 쓸 줄 아는 남자가 남편감으로는 든든하다 할 수 있다.

물론 돈이 많지만 돈을 쓸 줄 모르는 남자와 살아도 숨 막힐 수 있다. 돈이 없는 남자보다 돈이 있는데도 안 쓰는 남자와 사는 것이 더 고달프다고 푸념하는 여자들도 의외로 많다. 때문에 돈이 많고 적고도 중요하지만 어떻게 쓰며 살아야 하는지를 아는 남자와 사는 것이 풍족한 결혼생활을 유지하는 방법이라고 할 수 있다. 남자가 돈이 많다고 좋아했는가? 그렇다면 남자가 돈을 쓰는 방법까지 여유가 있는지 살펴보라.

내가 가진 돈의 개념과 살아가는 기준에 따라 돈이 많고 적고의 차이가 결혼의 큰 조건이 되기도 한다. 대체로 오랜 연애기간을 보냈다면 돈보다는 사랑과 정에 더 많은 기준을 두게 되는 것이 여자들의 마음이다.

그러나 많이 사랑해도 둘만의 생활이 아니라 그 남자의 집안 식구들까지 책임을 져야 하는 결혼이라면 한 번 더 생각해볼 필요는 있다. 사랑의 이름으로 할 수 있는 한계가 어디까지 일지도 고려해봐야 한다.

돈은 분명 살아가는 데 중요한 조건이지만 '돈은 있다가도 없고 없다가도 있을 수 있는 것'이다. 그러기에 돈을 어떻게 관리하고 요리해 가정에 경제적 궁핍을 가져오지 않게 할까 하는 계획적 사고를 가지고 있는 남자를 남편으로 맞아야, 큰 굴곡 없는 행복지수를 유지하며 결혼생활을 해나갈 수 있다는 사실을 잊어버려서는 안 된다.

03

술 잘 마시는 남자
vs 술 못하는 남자

　술을 좋아하는 남자, 잘 마시는 남자들을 보면 이성적인 면보다 감성적인 면이 더 많다. 술을 좋아하는 남자는 주변에 술친구들도 많게 마련이다. 혼자 음악을 들으며 와인을 즐기는 분위기파가 아니라면 말이다.

　술을 잘 마시는 남자들은 술을 못 마시거나 술을 싫어하는 남자들을 보고 '남자가 아니다'라고 못 박기도 한다. 남자라면 술은 기본으로 해야 하고 술을 못 마시는 남자들은 꽉 막혔거나 융통성이 없다며 술을 마시는 것에 대해 합리화시키기도 한다. 또한 사회생활에서 술자리가 친목 외에 인간관계 형성에도 중요한 수단이 된다고 생각하는 남자들이 많다. 건강하게 즐기며 인간관계를 만들어간다면 술은 분명 좋은 도구가 될 수 있다.

그런데 술을 좋아하는 남자들 중에는 술을 마실 때 꼭 여자가 있어야 한다고 생각하거나 술을 마시며 카드 등의 도박을 즐기는 이들이 있다. 여자가 있는 술집에 맛을 들인 남자들은 여자가 있는 술집에 가야 술을 제대로 먹었다고 생각하므로, 술 깬 다음날 후회하는 일이 있어도 술기운에 자기 제어를 못해 가정 경제에 큰 영향을 주게 된다.

또한 술을 마실 때 카드게임이나 당구 등 승부욕을 불타게 하는 내기를 해야 하는 남자라면 시간 가는 줄 모르고 빠져들어 연락을 기다리는 여자는 핸드폰을 손에 쥐고 밤새는 일을 자주 겪을 것이다.

이런 승부욕은 한탕주의로 이어질 수도 있다는 것을 잊지 말아야 한다. 연락 두절이나 늦은 귀가뿐만 아니라 경제적 타격도 초래할 수 있는 위험 소지가 있는 남자일 수 있다는 것이다.

주폭이라는 말처럼 술을 처음부터 잘못 배워 술만 마시면 성격이 180도 돌변하는 남자들도 많다. 사랑한다면 연애 때는 귀엽게 혹은 안타깝게 봐줄 수도 있지만 결혼 후에도 술에 취해 폭언, 폭행을 습관적으로 한다면 결혼생활을 유지하기 힘들다.

술을 못 마신다고 해서 감성이 없고 인간미가 없는 것은 아니다. 이는 술을 좋아하는 사람들이 만들어놓은 말이고 대체로 그렇다는 것이다. 술은 못 마시지만 음악을 좋아하고 와인 한 잔쯤 즐길 줄 아는 남자라면 술독에 빠져 허우적거리는 남자보다 더 달콤하고 멋스러운 만남과 생활을 만들어갈 수 있다.

술을 좋아하는 여자라면 술을 못 마시는 남자가 재미없게 느껴질 것이다. 술을 싫어하는 여자라면 술을 좋아하는 남자를 이해하기 어려울 것이다.

술을 못 마시는 남자는 대체로 술이 체질상 맞지 않아서이거나, 술은 정신을 흐리게 하고 건강에 좋지 않으니 멀리 해야 한다고 생각해 술과 거리를 두는 남자로 나눌 수 있다. 술을 마시지 못하거나 안 하는 남자들도 감성적이고 오픈 마인드인 경우가 많음으로 자신이 술을 좋아한다고 색안경을 끼고 볼 필요는 없다. 아무래도 술을 마시지 않는 사람은 술을 좋아하고 즐기는 사람보다는 이성적인 면을 많이 보이기도 한다. 술 때문에 실수를 범하는 것보다는 나은 면도 많을 것이다.

술을 못 마시는 남자와도 서로 터놓고 이야기할 수 있는 방법을 마련할 수 있고, 남자가 술을 좋아하지만 여자가 술을 한

모금도 못 마신다 해도 남자를 위해 간단한 술자리를 마련해 분위기를 맞춘다면 남자가 밖으로 돌지 않을 것이다.

  술을 잘 마시고 못 마시고가 관건이 아니다. 술을 어떻게 즐기는가가 중요하다. 남자가 술을 즐기는 방법이 자신이 생각하는 기준의 도를 넘는지 아닌지를 잘 따져보고 자신이 이해할 수 있는 정도면 결혼 후에도 행복할 수 있을 것이다. 하지만 그 반대라면 다시 생각해볼 필요가 있다.

04
거짓말 잘하는 남자
vs 거짓말 못하는 남자

거짓말하는 것도 습관이라 할 수 있다. 어려서부터 거짓말을 하며 살아온 남자는 이를 당연하다고 생각하기도 한다. 부모의 눈을 속였어도 야단을 덜 맞고 편하게 사는 삶의 지혜라도 터득한 듯이 말이다.

거짓말을 한 번도 하지 않고 사는 사람은 없을 것이다. 선의든 악의든 살다 보면 순간을 모면하기 위해 거짓말을 하기도 한다. 참고서를 산다며 용돈을 더 타낸다든지 성적표가 안 나왔다든지 등은 학교 때 누구나 한두 번은 부모님께 했던 거짓말일 것이다.

처음에는 들킬까 가슴 졸이기도 하지만 상대가 속아 넘어가면 능숙한 거짓말쟁이가 되어 상대가 속아 넘어가는 것을 즐기는 사람도 있다. 순간순간 자신의 상황을 덮기 위해 거짓말을 습관적으로 해온 사람들은 거짓말을 진실로 착각하기도 한다.

연애를 오래하다 보면 여자는 남자가 거짓말할 때 금세 알아챈다. 친구들과 술을 마시거나 소개팅을 했다거나 전 여자 친구를 만났다거나 하는 것에 대해서는 여자가 기분 나쁠까 봐 선의의 거짓말을 하기도 한다.

그러나 양다리를 걸치거나 능력이 없는데도 있는 척하는 것은 선의의 거짓말이 아닌 위선이다. 선의의 거짓말쟁이와 위선자는 전혀 다르다. 자신이 만들어놓은 거짓 안에 살면서 그것이 자신의 진짜 모습이라 착각하며 사는 남자들도 꽤 많다.

단 거짓과 '오버'는 다르다. 거짓은 진실이 없는 허상이고 오버는 기본은 있지만 약간 과장해서 언행하는 것이다. 예를 들면 능력이 아주 없으면서 어디 땅이 있어 현금은 없다든지 결혼을 한 번 했으면서 법적으로는 깨끗하다고 총각 행세를 한다든지 하는 것은 위선적인 거짓말이다. 하지만 상대의 환심을 사기 위해 능력을 조금 더 높이는 것은 오버다. 남자들 중에는 여자들에게 잘나 보이기 위해 오버하는 남자들이 의외로 많다. 오버의 차이는 있겠지만 말이다.

거짓말을 밥 먹듯 하는 남자가 들켰을 때 반응하는 유형은 세 가지로 나뉜다. 첫 번째, 끝까지 우기며 오히려 적반하장으로 의심병이 있다거나 남자를 피곤하게 하는 스타일이라며 여자의 잘못으로 모는 형이다. 잘못했다, 미안하다고 말하는 것은 자신의 잘못을 인정하는 것이라 생각해서 우기는 것은 이해할 수 있지만, 여자에게 문제가 있다는 식으로 몰아가는 남자는 야비한 본성이 내재되어 있는 것은 아닌지 생각해봐야 한다. 이런 남자들은 결혼 후 자신의 잘못으로 이혼 위기를 맞더라도 오히려 여자의 잘못으로 몰아 위자료 한 푼 없이 이혼을 하려 하거나, 주변 사람들에게 자신은 좋은 사람으로 남기 위해 악랄함을 보이기도 한다. 작은 선의의 거짓말도 절대로 인정하지 않으려 하는 남자들은 이런 면이 있지 않은가 확대경을 놓고 잘 진단해봐야 한다.

두 번째, 거짓말을 들키면 바로 이실직고하고 사과하며 용서를 비는 남자가 있다. 이런 남자들은 자신의 잘못은 인정할 줄 알므로 싸워도 신뢰가 깨지지는 않는다. 똑같은 거짓말을 또 하더라도 여자의 마음을 다치게 하는 큰 거짓말이 아니라면 여자들은 포용하게 된다. 술값을 자신이 내고 안 낸 척하다 카드값이 나오면 들키는 것이라든가 보너스가 나왔는데 안 나온 척 슬쩍 하다 들키는 것 등은 남자들이 대부분 하는 거짓말이다. 가정 경제가 파산할 정도가 아니라면 속상해도 여자들은 덮어주게 된다.

세 번째로는 거짓말이 들통 나면 묵묵부답으로 여자의 속을 뒤집는 유형이다. 이런 남자들은 미안하다는 말도, 아니라는 변명도 하지 않고 묵언으로 대신한다. 뿐만 아니라 연애 때는 여자에게 연락을 끊기도 하고 결혼 후에는 집에 들어가지 않거나 서로 얼굴을 보지 않는 시간대에 들어갔다 출근을 하기도 해 여자 마음에 속병이 나게도 한다.

거짓말을 선천적으로 못하는 스타일인 듯하는 남자는 여자가 따지면 얼굴이 빨개지거나 말을 더듬어 바로 들켜버리기도 한다. 여자가 그저 떠보려고 한 말에 걸려들어 거짓말이 들통나기도 한다.

어떤 때는 '차라리 끝까지 우겨서라도 거짓말을 들키지 말지'라는 생각이 들게끔 하는 남자들도 있다. 연애 때는 그런 모습이 싫어 헤어질까 고민하다 지나치다 싶으면 결별하기도 하지만, 결혼 후 남자의 본성을 알게 되면 결별이 쉽지 않다는 것을 알게 된다.

둘 사이의 평화를 위해 선의의 거짓말이 필요할 때가 있다. 자신의 잘못을 덮기 위해 여자를 나쁜 사람으로 몰거나 연락을 끊어버려 상처를 주는 남자가 아니라면 작은 거짓은 모른 척 넘어가주는 것도 필요하다. 여자들도 분에 조금 넘치는 명품을 구입하고 짝퉁이라고 하거나 누가 주었다는 등 거짓말을 하기도 한다는 것을 인정하자. 자신은 거짓말을 하면서 남자는 절대로 거짓말을 하지 않아야 한다고 우기는 것은 자신만 더 힘들게 한다. 지나치게 야비한 거짓말이 습관으로 자리 잡은 남자냐 아니냐를 결혼 전 잘 진단해보는 것이 중요하다. 진실을 말해도 거짓이라는 생각이 든다면 남편 얼굴 보는 것 자체도 괴로워지게 된다. 하루 이틀 얼굴 보고 사는 것도 아닌데 말이다.

거짓말을 못하는 남자는 '차라리 거짓말이라도 하면 맘이 덜 상할 텐데'라는 생각이 들고 거짓말을 너무 능숙하게 하는 남자는 '어디까지가 진실일까' 하는 마음에 믿음이 깨지게 된다.

거짓말은 지나치면 해가 되지만 선의의 거짓말은 가정의 평화를 지켜주기도 한다는 것을 알아야 한다. 남자가 거짓말을 못해 싸움의 원인을 제공한다면 이 또한 가정의 평화에 해가 될 것이다.

무엇이든 적당해야 하는데 내 맘에 꼭 맞는 것을 찾는 일은 늘 어렵다. 여자가 남자의 거짓말에 대해 어떤 선입관과 기준을 가지고 있느냐에 따라 결과는 달라질 것이다.

아내가 시댁에 가는 것을 힘들어할 때 남편이 아내를 위해 아프다거나 중요한 모임에 나가야 한다고 시댁에 거짓말해주는 것은 가정의 평화를 위해 필요하다. 이런 거짓말은 아내와의 좋은 관계 유지를 위해 남편으로서 아내를 보호해준 것이다.

하지만 자신의 위선을 포장하기 위한 거짓말은 부부간 신뢰에 금이 가게 함으로 거짓말하는 것을 알았을 때 그 수위에 따라 다시는 그러지 못하게 못 박고 개선해나가도록 해야 한다. 연애할 때부터 나쁜 모습은 고쳐나가도록 하는 것이 결혼 후 실랑이의 시간과 정신적 소모를 줄이는 길이다.

05
돈 잘 쓰는 남자
vs 자린고비 남자

    연애할 때는 돈 잘 쓰는 남자가 편하고 즐거운 것은 사실이다. 걸으며 데이트를 하고 분식집에서 음식을 나눠 먹는 재미는 한두 번이야 추억거리로 좋지만, 매번 그런 데이트를 해야 한다면 정말 콩깍지가 씌어 있으면 모를까, 웬만한 여자들은 연애 대상 목록에서 그 남자를 과감히 지워버리고 말 것이다.
    학생 때야 용돈을 쪼개가며 데이트를 즐기는 것이 마냥 좋지만, 직장생활을 하고 돈을 벌면서도 언제나 걷는 게 행복하고 분식집도 포근하다면서 데이트를 기대하는 여자들이 얼마

나 될까? 남녀의 집안이 정말 가난해 서로 결혼 자금을 마련하며 꿈을 키워가는 사이라면 모르겠지만, 매번 달라지지 않은 연애 패턴이라면 결혼 상대로 생각하기는커녕 연애조차 하지 않으려 할 것이다.

집안에 돈이 있든 자기 능력이 되어 돈이 있든 간에, 돈 개념 없이 물 쓰듯 돈을 쓰는 남자가 있는가 하면 청승맞다는 생각이 들 정도로 꽁생원 스타일도 있다. 전자의 남자는 연애 상대로는 입과 눈이 즐겁지만 결혼 후에는 돈 씀씀이로 인해 가정 경제에 위기를 가져올 가능성이 크기 때문에 결혼을 앞둔 여자들은 신중히 생각해봐야 한다.

물론 그 중에는 원래 경제 관념이 뚜렷한 남자인데 연애 때만 잠시 사랑하는 여자를 위해 그녀를 기쁘게 해주느라 돈을 많이 쓰는 남자도 있긴 하다. 그런 남자의 마음은 나무라지 말고 여자가 고맙게 받아들이는 모습도 필요하다. 그런 남자들 중에는 말 그대로 '돈을 잘(제대로) 쓰는' 남자들이 있다. 인색하지 않은 마음으로 가족과 친구, 혹은 자기계발을 위해 의미 있는 지출을 할 줄 아는 것은 돈에 끌려 다니는 인생이 아니라, 사용가치의 개념을 제대로 알고 실천하는 모습이다. 이런 남자를 만나야 한다.

하지만 목적이나 시기와 상관없이 주변 모든 사람들에게 돈을 물 쓰듯 한다면 가정 경제에 악영향을 끼치게 되는 것은 당연한 일이다. 돈 쓰는 재미만큼 좋은 것이 없긴 하다. 이런 재미를 알고 살았던 남자는 가장으로서의 역할을 부여받아도 자신이 살아온 즐거움을 놓으려 하지 않는다. 이런 남자들은 결혼 후 제일 먼저 여자와 경제권 다툼을 벌이기도 한다. 총각 시절의 씀씀이를 줄이려 하기보다는 모든 돈을 자신이 직접 관리해 씀씀이는 유지하는 것이 남자의 품위를 지킬 수 있는 방법이라고 착각하고 있기도 하다.

이런 남자들은 아이를 낳고 아내의 내조를 받으면서도 자신의 문제점을 발견하며 철이 들 때까지는 오랜 시간이 걸린다. 자신의 씀씀이를 문제라 생각하지 않고 오히려 아내에게 '남자의 기를 죽이는 여자' '내조를 못하는 여자'라며 비난하는 남자들 때문에 행복의 단어를 떠올리지 못하고 사는 여자들도 의외로 많다.

맞벌이를 해 여자가 홀로 가정 경제를 이끌어갈 만한 능력이 있거나, 시댁에서 남자의 품위 유지를 위한 용돈을 따로 챙겨주지 않는다면 개념 없이 돈을 써대는 남편과는 함께할 수 없다는 결론을 내릴 수밖에 없다. 아이를 낳으면 철들고 변하려나 기다려줘야 하는 세월이 몇 해가 될지 가늠할 수 없고, 그런 기대감조차 생기지 않는다면 일찍이 남편으로서의 직위를 박탈해야 하는 건 아닌지 생각해봐야 한다. 나이가 들수록 점점 더 씀씀이가 커진다면 세월의 숫자만큼 여자의 마음 고생은 더욱 커지고, 돌이키기에는 너무 많은 시간이 흘러가버렸다는 후회만 깊어질 것이다.

더군다나 가정에 충실하지 않고 다른 여자들의 즐거움을 위해 돈을 쓰는 남자라면 여자의 마음 고생은 이루 말하기 어려워진다. 집에는 쌀이 있는지 없는지, 아이 학원비 때문에 아내가 얼마나 허리띠를 졸라 매는지 관심조차 주지 않고 밖에 나가 여자들과 사회생활을 한다는 명목으로 화려한 생활을 즐긴다면 남편이 철들기만 바라며 기다려줄 여자는 없다.

어느 후배는 결혼 전에는 돈 씀씀이가 커도 자신에게만 쓰는 것이려니 즐거웠고, 결혼하면 외식보다는 함께 집밥을 해먹을 수 있으니 돈을 많이 쓸 일이 없을 거라고 생각했다고 한다. 시댁이 부유한 것도 아닌데 연애 시절 고급 식당들 이름을 꿰차고 있을 만큼 미식가 같았고, 좋은 데이트 장소들도 많이 알고 있는 것이 자신을 위해서라고 생각하니 더욱더 사랑스러워 보였다는 것이다.

결혼한 후 자신과 연애할 때 쓴 돈들이 카드빚이었다는 것을 알았지만 자신과 연애를 하기 위해 쓴 것이니 이해해주었다고 한다. 그런데 결혼 후에도 미식가라는 타이틀을 유지하고 싶은지 일주일에 서너 번은 기본으로 외식을 해야 하고, 시댁 식구까지 불러 혼자 식사비를 다 계산하며 기분을 내는 것이었다. 남편이 돈을 잘 버는 사업가도 아니고 월급쟁이인데 그런 아들, 동생이 돈 쓰는 것을 즐거워하는 시댁 식구들이 더 미웠다고 한다. 기분이 안 좋아 굳은 표정으로 앉아 있으면 오히려 시댁 식구들 밥 사는 게 싫으냐는 식으로 대하는 시어머니, 시누이 때문에 자주 부부싸움을 했다고 한다. 결국에는 늘 적자인 가계부를 채우기 위해 자신이 맞벌이로 나서도 남편은 미안해하거나 고치려는 기색이 보이지 않아 아이를 낳기 전 이혼을 결심했다고 한다.

이혼 후에도 보니 반성은커녕 가장으로서의 의무가 없어진 것이 홀가분한 듯 외제차도 할부로 구입해 사업가 행세를 하고 다니는 남자를 보며 일찌감치 정리하기를 잘했다고 생각했다는 것이다. 월급쟁이 아들, 남동생이 가정을 꾸렸는데도, 집 장만하고 안정을 취하게 도와주기는커녕 늘 가족 화합만 주장하는 시댁 식구들을 보며 절대 바뀔 수 없는 남자라는 생각을 더욱 굳히게 된 것이다.

자린고비, 꽁생원인 남자도 같이 사는 여자를 숨 막히게 하는 것은 마찬가지다. 그런 남자는 여자가 무엇 하나 자신을 위해서 사지도 못하게 무섭게 감시하고, 여자 친구의 집에 놀러

갈 때도 모르는 척 무엇 하나 사갈 줄 모르고 빈손으로 가며, 외식은커녕 장을 봐서 집에서 해먹는 것이 싸게 먹는 것이다라며 세뇌를 시키기도 한다.

이런 남자와 결혼한 내 친구는 남편이 점심값도 아깝다며 아침마다 도시락까지 챙기라는 통에 신혼 시절에는 내조라 생각하고 열심히 매일 다른 반찬을 준비하며 정성껏 싸주었지만, 시간이 갈수록 도시락 고민에 밤잠을 설칠 정도로 스트레스를 받아 싸움을 벌였다고 한다. 하지만 돌아오는 답은 서로 간의 의견 조율이 아닌 아내로서의 의무를 못한다는 타박이었다고 한다. 처음에는 같이 어디를 가면 창피한 생각이 들어 밖에 나가는 것 자체가 스트레스였지만, 몇 년을 살다 보니 해야 하는 일이라 생각하게 되었다고 한다. 이 친구는 원래 여자가 인내하며 결혼생활을 유지해야 한다고 생각했기 때문에 맞추며 살지만, 만약 돈 쓰는 즐거움을 아는 여자였다면 몇 년이 아니라 몇 달도 견디지 못했을 것이다.

물론 먼 장래를 위해서 장기계획을 세우고, 그것을 위해 부부가 열심히 돈을 모으는 것은 참 보기 좋은 모습이다. 이때는 자린고비형 남자가 좋을 수 있다. 하지만 역시 정말 중요한 점은 남자와 여자가 서로 의견 조율과 합의를 이뤄야 하고, 한 사람만의 희생을 강요해서는 안 된다는 것이다. 일방적으로 한쪽에 희생을 요구하면 불만이 따르고, 갈등이 생기는 건 당연하다.

나이가 들면 돈이 품위를 만들어주기도 한다. 하지만 어떻게 돈을 쓰고 모아야 하는가라는 경제적 철학이 헤픈 씀씀이나 혹은 자린고비 스타일 등 한편으로 치우쳐 고정된 사람들은 그 철학을 배우자에게도 강요하게 된다. 씀씀이 절제가 안 되는 남자보다는 씀씀이를 절제하며 미래를 준비하는 남자가 남편감으로 든든하고 의지가 되는 것은 당연하다. 하지만 절제가 아닌 돈 씀씀이 차단이나 감시도 결혼생활의 행복을 깨트리는 문제의 성격이 될 수 있다.

두 가지 유형 모두 한쪽 성향이 너무 강해지면 숨 막힘과 숨통 터져버릴 것 같은 스트레스를 받게 된다. 돈 잘 쓰는 남자는 써도 없어지지 않을 정도의 자산가라면 문제가 안 되지만 그렇지 않다면 가정 경제를 위협할 수 있다. 자린고비형의 남자는 여자의 숨통을 막히게 할 수 있지만(특히 여자의 씀씀이가 큰 경우라면 더욱) 가정 경제 파산을 걱정할 필요는 없을 것이다.

여자의 경제적 능력과 살아가는 개념에 따라 두 유형의 선호도는 크게 달라질 것이다. 하지만 돈을 안 써 숨 막히게 하는 것보다 여자의 경제적 능력을 믿고 돈을 써대는 남자를 포용하기가 더 쉽지 않을 것이다.

06
남성에게 인기 있는 남자
vs 여성에게 인기 있는 남자

 화통하고 유머 감각도 뛰어나 주변 사람들에게 인기 있는 남자가 있다. 부드럽기보다는 리더십이 강해 이성보다는 동성들에게 인기 좋은 남자들은 늘 친구들로부터 러브콜을 받게 된다. 자신이 인기가 있다는 것을 즐기는 남자는 절대로 친구들의 연락을 무시하거나 거절하지 않고 바로 튀어나간다. 게다가 돈까지 잘 써 친구들로부터 우상처럼 떠받들여진다면 그 기분을 절대 잊지 못하고 놓으려 하지 않는다.
 그것이 자신의 리더십 때문이라는 자만심으로 번져 있는 남

자들도 있다. 이런 자만심이 강한 남자들은 친구들로부터 최고라는 말을 듣지 않게 될까 걱정이 되는지 늘 친구들의 기분을 맞추어주는 분위기 메이커를 자처하기도 한다.

단지 의리와 우정을 즐기는 남자와 인기를 즐기는 남자는 다르다. 의리와 우정을 즐기는 남자는 자신의 사생활을 지키며 친구들과의 관계를 만들어가지만, 자신이 인기를 누리고 있다는 것을 능력으로 여기고 인기 관리를 하려 하는 남자는 친구들에게는 없어서는 안 되는 존재로 남기 위해 노력하느라 가정에 소홀해지기도 한다.

친구들과의 관계가 운동이냐 술이냐에 따라 가정에 주는 영향은 달라진다. 운동을 잘해 인기가 있는 남자라면 가정에 조금 소홀해도 악영향을 주지 않지만 술을 좋아해 친구들에게 인기가 있는 남자라면 당연히 술값 문제가 가정 경제에 영향을 미치지 않을 수 없다.

돈을 쓰지 않고도 친구들의 고민 상담 역할을 잘해 인기가 많은 남자는 친구들이 어려울 때면 찾게 되어 저절로 인간관계가 좋아진다. 남의 말을 잘 들어주는 남자는 아내의 말에도 귀 기울여주는 모습을 보이기도 한다. 아내의 말에 귀 기울이지 않는 남자들이 많은 것을 보면 아내에게도 대화의 창을 열어주는 이런 남자는 남편으로서 큰 장점이 있다고 할 수 있다.

그래도 남편이 동성들에게 인기가 많으면 아내의 속을 덜 썩이지만 이성들에게 인기가 많으면 돈을 떠나 아내의 속을 썩이고 늘 가슴 졸이게 만든다. 어떤 남자는 자신의 핸드폰에 여자 번호가 몇 개 저장되어 있는지 오픈하며, 아내에게 솔직하게 말하는 것은 단지 이성 친구들이기 때문이라고 입에 침이 마르게 설명을 늘어놓는다. 비밀번호도 채워놓지 않는다면 아내로서는 더 믿게 될 것이다.

그런데 이것도 아내를 안심시키기 위한 하나의 수법으로 사용하는 남자들이 있다. 여자의 이름을 남자의 이름으로 바꾸어 보란 듯이 저장하는 남자들도 있지만, 고수들은 오히려 여자 이름들을 고스란히 보여주며 그저 인간관계일 뿐이라는 알리바이를 확실히 보여주기도 한다. 물론 정말 아내에게 한 치의 부끄러움도 없는 경우가 있으니 고수라고 의심부터 할 필요는 없다. 의심은 의심을 낳게 되고 심하면 불신으로 번지게 된다.

남자가 이성들에게 인기가 많아 오빠, 동생, 친구라는 호칭으로 여기저기에서 연락들이 오면 그것에 신경이 쓰이지 않는 여자는 거의 없을 것이다. 자신이 이성들에게 인기가 많은 것은 당연한 것이라 생각하지만 상대 남자(여자)가 이성들에게 인기가 많아 시간 개념 없이 친하다는 이유로 연락을 받는다면 그것을 아무렇지 않게 받아들일 사람은 아주 극소수일 것이다.

　인기가 많아도 아내가 신경 쓰지 않게 관리를 하면 좋지만, 밤이든 주말이든 상관없이 연락을 주고받고 나가는 것을 인기관리 차원이라며 그냥 넘기는 여자들은 없다는 것이다.

　남녀 간에는 친구가 안 되는 것일까? 그렇지는 않다. 여자학교만을 다니고 여자가 많은 직장에 다녔던 필자는 남녀간에는 친구가 존재할 수 없다고 생각했다. 그런데 나이가 들고 인생을 좀더 살아보니 남녀간에도 전혀 이성적 감정이 안 생기며 친구, 동생으로 관계유지가 되는 경우가 많았다.

　하지만 상대편의 배우자 혹은 여자 친구가 신경 쓸 정도로 친분을 유지해서는 안 된다는 것이다. 열 여자 마다할 남자가 없다는 말처럼 이성 친구들이 많고 그 친구들로부터 인기 있는 남자는 이성들을 접할 기회가 많아지게 된다. 자주 어울리다 보면 이성적으로 감정이 통하는 일들이 생길 수도 있어 친구의 감정을 넘는 여자를 만나게 될 확률이 높은 건 사실이다.

　이성이든 동성이든 내 남자가 인기 없고 왕따처럼 사는 것을 보며 좋아할 여자는 없다. 그래도 내 남자가 어디 가든 인정받고 인기가 있으면 '내가 선택한 남자는 다르다'는 우쭐함이 생기게 된다. 연애 때는 이성들에게도 인기가 많아 '어

이 남자, 결혼해도 될까요?

느 여자가 저 남자의 짝이 될까?'가 관심사였는데, 그 주인공이 자신이면 선택 받은 여자, 능력 있는 여자로 남게 되어 기분 좋아지는 것은 당연하다. 그러나 지나치게 인기 많은 남자와 결혼하면 우쭐함을 느낄 수 있는 일보다 신경 거슬리게 하는 일이 더 많이 발생하기도 한다.

적당한 인기는 남자의 자신감을 높여준다. 하지만 지나친 인기를 누리고 있는 남자라면 그의 아내나 여자 친구는 인기만큼 마음 고생을 겪게 된다.

마음 고생이 있어도 내 남자의 인기를 유지해주어야 한다는 각오가 있다면, 인기 있는 남자를 선택해 '그 남자의 여자는 누구인가?'의 시샘의 대상과 주인공이 되어 만족하며 살 수 있을 것이다. 하지만 자신이 여자 문제에 민감한 성격이라면 이성들과 친분이 강한 남자 옆에 있다가는 스트레스를 심하게 받아 그와 갈등을 빚고 말 것이다.

동성에게 인기가 있든, 이성에게 인기가 있든 간에 누군가에게 필요한 사람이라는 존재감은 긍정적인 부분이 분명 있다. 남자가 처신을 잘해 믿음이 강하다면 지나친 우려는 오히려 좋은 남자를 놓치는 실수를 불러온다.

동성이든 이성에게든 인기가 많아 늘 찾게 되는 남자 중에도 자신의 울타리는 소중히 생각하며 관리해나가는 남자들도 적지 않다. 자신의 여자에게 불만이 없도록 최선을 다한다면 인기는 내 남자를 빛나게 하고 자신감을 높여준다는 것을 인정하자.

07
사랑이 우선인 남자
vs 우정이 우선인 남자

여자들 중에는 남자 친구가 생기면 친구와 연락을 끊다가 남자 친구와 헤어지면 하루에 수십 번씩 친구에게 연락을 하는 부류가 있다. 마찬가지로 남자들 중에도 우정을 중요시하는 남자와 사랑하는 여자가 생기면 친구들과의 만남이 줄고 여자에게 충성하듯이 여자 만나기에만 열중하는 남자가 있다.

친구들과의 우정을 중요시하는 남자들은 여자 때문에 친구들과의 만남을 소홀히 하는 것은 남자답지 못한 행동이라고 생각한다. 여자 친구와 데이트 중에도 친구들로부터 연락이 오면 의무감인 듯 가려고 해 여자 친구와 싸우기도 한다. 특히 '절친'이라고 생각하는 친구로부터 연락이 오면 쏜살같이 가버려 여자 친구의 화를 치밀어 오르게 한다. 처음 연애할 때는 남자를 이해하는 척해주지만, 시간이 지나고 사랑이 싹트려 할 때 이런 남자의 행동을 이해하며 포용해줄 여자는 많지 않다.

C는 유난히 남자들과의 우정, 의리를 중요시했다. D는 연애 시절 우정을 인생에서 가장 중요한 덕목인 듯 행동하는 C 때문에 많이 싸웠지만 그것 빼고는 남편감으로 적당하다는 생각으로 결혼을 했다. 남자다움이 있으니 남자들과의 우정을 중시하는 것이라고 이해하고 결혼하면 나아질 것이라는 믿음을 가져보려 했다.

결혼식 직후 신혼여행을 가기 전 서울 시내에 있는 호텔에서 신혼 첫날밤을 보내기로 했다. 그런데 친구들이 호텔 근처로 와 포진을 하고 있었고 잠시 나가 결혼식에 참가해준 친구들에게 고마움을 전하고 오겠다는 C는 연락이 두절되고 새벽이 다 되어서야 호텔 방으로 들어온 것이다.

비싼 호텔 방에서 첫날밤부터 소박맞은 D는 화가 폭발해 C와 부부싸움을 시작했다. 그러나 '친구 좋아하는 남자니 결혼식에 일부러 와준 친구들을 그냥 보낼 수 없었겠지' 하며 화를 삭힐 수밖에 없었다. 그런데 결혼 후에도 퇴근해 집에 와서 저녁을 먹겠다던 남자가 연락도 없이 12시가 다 돼서야 들어오고, 자다가도 친구 연락에 나가는 것을 보며 엄청나게 싸웠지만 달라지지가 않았다.

C가 조금이라도 미안해한다면 화가 덜 날 텐데 당연시하며 화를 내고는 아내를 무시하듯 말도 없이 나가는 남편이 D는 야속하고 얄미웠다.

그래도 친구들과의 관계 말고는 아내를 배려하려고 노력하는 남자라 남편감으로는 큰 손색이 없다고 느껴 '나이가 들면 철이 들겠지' 하는 마음으로 아들 하나 키운다고 생각하며 스스로를 위로한다고 한다.

우정보다 사랑을 우선으로 하는 남자 중에는 여자 중심으로 움직이지만 적절히 친구들과의 우정도 지키는 사람이 있고, 여자만 바라보고 친구들과의 관계가 소원해져도 상관없다는 듯 행동하는 남자가 있다. 전자 같은 경우는 친구들과의 인맥도 살리며 여자의 맘을 다치지 않게 하지만, 후자의 경우는 친구들이 끊겨 왕따를 자처하는 꼴이 되기도 한다. 여자와 문제가 생겨 싸우거나 헤어질 일이 생기면 "너 때문에 친구들까지 버렸다"라며 여자를 탓하기도 한다.

'친구들로부터 남자도 아니다'라는 평을 듣게 되면 여자 입장에서도 '내 남자는 의리가 없는 남자다'라는 생각이 들어 측

은지심보다는 남자에 대한 존중의 마음이 사라지게 되기도 한다. 우정과 사랑 사이를 잘 이끌어가는 남자가 밖에 나가서도 인맥 관리를 잘하고 여자의 마음이 다치거나 서운함이 생기지 않게 리드할 수 있다.

　남편이 아내 눈치를 보느라 친구들을 멀리한다면 남편의 친구 관리를 위해 자리를 마련해주는 센스도 필요하다. 마음은 친구에게 가고 싶지만 아내가 무서워 친구들과 멀어진다면 남편의 기가 죽게 된다. 이런 마음을 헤아려준다면 남편은 아내에게 더 충성스러워질 것이다.

　남편이 친구의 부름에 쏜살같이 달려나가는 유형인데 절대 바뀔 기미가 없는 경우에도 집에 친구들을 가끔 초대해보자. 친구들 앞에서 남편 기도 살릴 수 있고, 남편이 아내에게 미안한 마음을 가지게 할 수도 있다. 집에 남편 친구들이 오면 눈살을 찌푸리고 부부싸움의 이유로 만들어버리는 여자들이 의외로 많다. 이런 처신 때문에 친구를 좋아하는 남자들은 밖에서 만날 수밖에 없는 것이다.

　여자의 성향 때문에 어느 한쪽 유형으로 치우치기도 한다.

　연애 중일 때 남자가 우정을 너무 강조하는 유형은 아닌지 잘 살펴보라. 사랑이 먼저인지 우정이 먼저인지 정답은 없지만, 그중 하나가 옳다고 철학처럼 자리 잡은 사고는 바꾸기가 어렵다는 것을 알아야 한다. 남편에게 사랑이 먼저라고 무조건 강요하면 남자끼리의 의리를 무시하고 우정을 깨는 '나쁜 마누라'라는 낙인이 찍힐 수 있다. 아내가 뭐라 하든 무시하듯이 하면 오히려 아내의 속이 더 썩게 된다.

여자가 이해하지 못하면 본질을 떠나 싸움과 갈등으로 관계 청산까지 가게 된다는 것을 알아야 한다.

무조건 바뀌어야 한다고 다그치지 말고 든든한 후원자이자 내조자라는 인상을 만들어가는 것이 변화의 긍정적인 밑거름이 된다는 것도 생각해봐야 한다.

08
나에게만 친절한 남자
vs 모두에게 친절한 남자

'매너남'이라는 호칭을 닉네임처럼 달고 다니며 그것을 즐기는 남자가 있다. 외국 생활을 오래 해서 여자를 대하는 친절이 몸에 밴 남자가 있는 반면, 경험상으로 여자들에게 매너가 좋은 것이 먹힌다는 것을 알아서 일부러 여자들에게 좋은 모습만 보이려 노력하는 남자도 있다.

자라온 가정환경 또한 중요한 영향을 미친다. 부모님의 모습을 보면서 어릴 때부터 그런 예의와 친절함을 몸에 익힌 사람도 있다.

매너가 좋은 사람을 보면 남녀를 떠나 기분 좋은 것은 사실이다. 또한 기분이 좋아지게 하는 남자를 볼 때 여자라면 당연히 호감도가 상승할 것이다. 자신에게 관심이 있거나 좋아해서 잘 보이기 위해 좋은 매너를 보이는 것이라 착각하기도 한다.

J는 미팅에서 상대 남자의 얼굴을 보며 내 스타일은 아니라고 생각했지만 찻집을 나와 저녁을 먹는 내내 그녀를 배려하는 듯한 세련된 매너에 호감이 가 애프터를 받고 연애를 시작했다.

외국에서 공부를 해 매너가 좋은 것도 있지만 자신을 좋아하니 특별히 더 매너 좋게 행동한다는 믿음에 만날수록 호감이 가 결혼까지 골인하게 되었다.

자신을 행복하게 해주기 위해 배려하고 잘해주려는 매너 좋은 모습을 보이는 남자가 어떻게 예쁘지 않을 수 있겠는가. '얼굴은 내 이상형이 전혀 아니다'라고 생각했는데 호감도가 상승하니 얼굴까지 매력적으로 보이게 된 것이다.

그가 친구들 앞에서 자신을 높여주고 친구들에게도 매너 있게 행동해주어 친구들로부터 칭찬과 부러움이 섞인 말들을 듣게 되니 J는 남자 하나는 잘 골랐다는 만족감이 들었다.

그런데 결혼 후에 보니 자신에게만 특별히 매너가 좋은 것이 아니라 모든 여자들에게 지나치게 매너가 좋았다. 아니 매너가 좋은 것을 넘어 자상함까지 보여, 여자들이 자신에게 관심이 있는 것이 아닌가 오해하는 것을 보며 늘 남편의 주변 여자들에게 신경이 쓰인다고 한다.

다른 사람들에게는 다소 매너가 없는 듯 무뚝뚝해 보이지만 자신의 여자에게는 살갑게 매너가 좋은 남자가 있다. 이런 남자는 다른 여자들에게 오해의 소지를 남기지 않아 여자의 마음을 상하게 하는 일은 없을 것이다.

이런 남자는 자신의 여자는 애지중지한다는 인상을 주어 여자의 친구들로부터 부러움도 사게도 한다. 하지만 매너가 무엇인지 잘 몰라서 그러는지, 아니면 표현력이 약해서인지 이유야 다르겠지만, 여자 친구를 대하는 것과 비교될 만큼 타인들에게 매너 없이 행동하는 남자의 모습은 여자를 가끔은 당혹스럽게 만들기도 한다.

매너가 좋아 여자 문제로 골치가 아픈 것이 나은가. 매너가 없어 주변 사람들과 같이 만나는 것이 민망하고 불편해도 여자들에게 오해의 감정을 일으켜 마음 고생을 시키지 않을 것 같은 남자가 나은가.

선택은 여자의 성향에 따라 달라질 것이다. 자신이 컨트롤 할 수 있는 남자가 자신에게는 편하고 좋은 남자일 것이다.

매너가 좋은 남자는 다른 여자들에게 과한 모습을 보이지 않도록 경고 메시지를 주고, 매너가 없는 남자는 여자가 상황에 따라 리드하고 알려주면 바뀔 수도 있다. 본성이 착한 남자라면 여자의 말에 귀 기울일 것이다. 단 매너가 없는 남자는 매너가 뭔지 모르는 남자와 매너는 가식적이라 싫다고 하는 두 부류로 나뉘는데, 후자는 여자의 교육으로도 바꾸기가 힘들 것이다.

매너가 좋은 남자는 대인관계도 좋을 가능성이 높다. 때문에 앞서가는 걱정으로 남자의 대인관계를 침해해 사회생활에 지장을 주지 않도록 조심해야 한다.

단, 생각 없이 또는 여자들에게 사심이 많아 매너남으로 둔갑하는 남자들에겐 주의를 주고 관리를 해야 나쁜 습관을 조금은 버릴 수 있게 될 것이다.

09
현금 쓰는 남자
vs 카드 쓰는 남자

 카드는 생각 없이 일단 쓰고 보게 되는 경향이 있어 호탕한 성격에 씀씀이가 큰 사람은 카드로 계산할 때 행복감에 빠지지만, 한 달 후 빚으로 돌아오는 카드 명세서를 보며 허탈함과 불행감을 동시에 맛보게 된다.

 현금보다는 카드를 진열하듯 지갑에 소장하고 있는 것이 멋이라는 듯, 상대가 보이게 지갑을 활짝 열어젖히는 남자가 있다. 이런 남자들은 폼생폼사이며 돈도 없으면서 돈 쓰는 것을 주저하지 않는다. 이런 남자들은 여자들 앞에서 장군이 칼을 뽑

듯이 카드를 박력 있게 뽑아 갈기듯 사인을 그려내기도 한다.

연애할 때야 돈 잘 쓰는 남자가 편하고 멋있어 보인다. 그런데 결혼 후에도 그 버릇을 그대로 가지고 있다면 멋있다고 할 수 있을까? 결혼 후에도 카드 긋는 즐거움에 빠져 있는 남편이라면 그야말로 골칫덩이일 것이다.

경제적 능력이 없는데도 불구하고 많은 카드를 보유하고 다니며 쓰는 남자들은, 돈은 써야 하는데 여유가 없으니 카드로 쓰고 본다는 형이 많다.

반면 현금은 찾아서 넣어다니는 것이 번거롭고 어디에 썼는지 알 수 없는 경우가 많다며, 자신이 쓴 것을 계산하기 편한 카드를 선호한다는 경우도 있다.

후자는 자신이 돈을 쓴 것에 대해 반성하고 다음 달 계획을 세우며 소비하는 유형이지만, 전자 같은 경우는 다음달 카드 결제일만 되면 늘 골머리를 앓는 형이다.

전자와 결혼하면 아내는 남편의 카드 돌려 막기에 동참하게 될 수도 있고 벌어도 미래에 대한 계획을 세우기 어려워져 가정 불화까지 각오해야 한다.

반면 카드는 쓰지 않겠다며 아예 카드를 만들지 않고 자신이 가진 현금 범위에서 돈을 쓰겠다는 남자들이 있다. 이런 남자들은 현실적인 면이 있어 낭비를 경계하며 사는 부류일 확률이 높다.

신용 사회에서 카드 한두 개 정도는 가지고 있어야 한다. 비싼 물건을 살 때는 무이자 할부를 이용해 한번에 큰 지출을 막고 사소한 것들을 살 때는 현금 범위에서 쓰는 것이 과소비를 줄이는 방법이라는 것은 누구나 알 것이다. 하지만 그것이 몸에 배지 않으면 절약과 과소비 방지는 어려운 과제가 된다.

카드의 편리함에 익숙해져 있다면 그 편리함을 벗어나려 하지 않게 되는 것이 사람이다. 현금만을 쓰는 남자는 순간적 기분으로 돈을 쓰는 경솔한 행동은 하지 않을 것이다. 단 현금을 두둑이 가지고 다니며 카드보다 더 멋지게 써야 직성이 풀리는 남자가 아니라면 말이다.

카드를 쓰든 현금을 쓰든 순간적 기분대로 돈을 쓰는 남자인지 알아보는 것이 중요하다. 다음달에는 어떻게 되든 일단 쓰고 보자고 생각하는 남자는 현금이든 카드든 남용할 것이 불 보듯 뻔하다.

돈이나 카드를 내고 나서 꼼꼼히 금액을 계산하고 영수증을 챙기는지 보자. 영수증을 받자마자 마구 구겨버리는 남자는 지금 쓴 돈에 대해 잊고 싶어하는 사람일 수 있다. 물론 핸드폰으로 전송되어 온 결제 내역을 정리해나가는 사람일 수도 있다.

남자가 여자보다 돈에 대한 개념이 더 강하고 계획적인 경우도 많다. 이런 남자를 남편감으로 맞이한다면 가정 경제는 날로 발전하게 된다.

'연애할 때 좀 쓰면 어때'라고 생각하며 같이 즐겁게 쓸 일이 아니다. 연애 상대자로만 생각한다면 그 남자가 어떻게 살든 관심이 없으니 즐기라. 하지만 결혼을 생각한다면 연애 때의 씀씀이가 개념형인지 개념 상실형인지를 아주 세심히 살펴볼 필요가 있다.

남자의 빚으로 가정이 시작되는 경우도 있다. 갚아도 갚아도 통장에 플러스가 될 수 없는 남자들이 많다는 것을 기억해야 한다.

돈 문제로 싸우다 헤어지는 커플이 의외로 많다는 것도 남의 이야기로만 치부해서는 안 된다.

10
도전을 즐기는 남자
vs 안정을 추구하는 남자

여자에 비해 남자는 유독 승부욕이 강한 편이다. 자존심은 물론이고, 명예욕, 성취욕, 출세욕이 있는 남자를 주변에서 흔히 볼 수 있다.

사회적 성공에 승부욕이 불타 회사밖에 모르는 남편을 보면 서운하고 외로워도 남들보다 앞서가기에 든든하고 믿음직스럽다.

그러나 화투나 카드놀이, 당구를 치며 승부욕에 불타는 남자들은 돈도 물 쓰듯 쓸 뿐만 아니라 이기면 이기는 대로 지면 지는 대로 아내의 전화조차 받지 않을 정도로 시간 가는 줄 모르고 빠져든다. 심한 남자는 밤을 새기도 한다. 그래서 싸움이 끊이질 않고 부부간 서로의 얼굴에 웃음을 찾아볼 수 없게 만든다.

이런 승부욕에 맛을 들인 남자들은 여자에게도 "내기 할까?"라는 말을 밥 먹듯이 한다. "그래도 내기를 해야 재밌지" 하면서, 특히 돈을 거는 것을 아주 행복해하며 즐긴다. 가볍게 돈 내기를 하는 남자는 귀엽게 봐줄 수 있다.

통이 크고 쿨한 여자들은 승부욕이 없어 돈을 잃거나 운동 게임에서 져도 그러려니 하는 남자들에게는 남자다운 매력을 찾을 수 없어 관심조차 두지 않는다.

승부욕에 불타 이글거리는 눈빛으로 빠져드는 남자가 멋있어 보인다는 여자들에게는, 이기기 위해 혈안이 된 남자의 모습이 한없이 멋있어 보이기도 한다. 운동이든 일이든 좋아하는 것에 빠져들어 승부욕에 불타는 남자에게서는 남자다움의 향기를 물씬 느끼게 된다.

하지만 화투, 게임, 주식 같은 것에 승부욕을 불사르려는 남자는 집안을 말아먹을 수도 있다는 것을 알아야 한다. 가정 경제가 파산될 위기까지는 안 갈 정도의 여유 자금으로 주식이나 부동산에 투자해 노후 준비를 미리 하는 남자들도 있다.

고령화시대이고 시시각각 빠르게 변하는 이 시대에는 월급

―――
이 남자, 결혼해도 될까요?

쟁이들도 현재의 월급에 만족하며 살 수 없다. 살다 보면 예상치 못한 일들이 생기기도 하는 것이 인생이기 때문이다.

큰 리스크가 안 생기는 목돈으로 미래형 투자에 혈안이 된 남자들은 가정의 미래를 위해 노력하는 형이기도 하다. 돈 한 푼에 벌벌 떠는 여자들은 이런 남자들의 행동이 위험하다고 느낄 수도 있지만, 평생 직장이 없는 요즘 같은 시대에는 미래를 준비해야 한다는 인식이 남자에게 필요하지 않을까 한다.

반면 승부욕이 전혀 없는 듯 보이는 남자도 있다. 주식도 도박이라는 생각으로 아예 알려고도 하지 않는 남자는 가정 경제가 풍비박산이 나게는 하지 않는 안정형이다. 그러나 돈에 대한 애착이 많은 여자에게는 '언제 돈 벌어 멋있게 살아보나' 하는 푸념을 하게 만들고 남자다운 면이 없고 지루한 남자라는 생각을 갖게 한다.

매달 꼬박꼬박 들어오는 월급으로 계획을 세우고 저축으로 미래를 준비해야 한다고 생각하는 남자는 큰 폭풍에 노출되지는 않는다. 하지만 예상치 못하게 회사가 없어지거나 구조조정 등의 일들을 당하면 정년까지의 계획은 물거품이 되고 사회적 좌절감을 경험하게 되기도 한다.

여자에게 사회적·경제적 능력이 있다면 아주 큰 문제는 안 되겠지만 전업주부로 남편만 바라보는 해바라기형 여자들에게는 노후 걱정이 태산이 되고 만다.

사람관계는 서로 상대적이다. 한 번에 대박을 꿈꾸는 여자들은 승부욕이 없는 남자보다는 승부욕에 불타 뭐든 가지고 들어오는 남자가 낫다라고 할 것이고, 큰 일 없이 안정적으로 사는 것이 최상이라는 여자는 승부욕에 불타는 남자가 골칫거리가 될 것이다.

정말 운이 좋은 경우 복권이나 주식으로 대박이 나기도 한다. 내게도 올 것이라는 희망은 긍정적 인생을 만들지만, 그 대박을 위해서는 얼마 정도의 희생이 따라야 한다는 생각은 매우 위험하다.

사실 승부욕이 없는 남자보다는 승부욕이 있는 남자가 많은 여자들에게 남자답게 보이는 것은 사실이다. 그러나 돈을 걸어야 하는 승부욕은 가정에도 악영향을 줄 수 있다는 사실을 명심해야 한다.

지나치지 않은 범위 내에서 가정 경제를 위해 도박성이 아닌 도전의식을 보이는 남자라면 여자도 남자의 기를 살려주는 것이 필요하지 않을까.

반대로 경제 관념이 있는 여자라면 안정성을 추구하는 남편과 함께 고민하며 노후를 위한 투자를 주도해보는 것도 더불어 사는 부부관계에는 필요한 것이라 생각한다.

도전의식이 강한 남자는 여자에게 '모 아니면 도' 식으로 행과 불행의 롤러코스터를 타게 하지만 시시각각 바뀌는 이 시대에는 현재의 모습에 만족하며 안정적 생활을 이어가는 남자보다는 미래에 대한 준비를 해두게 만들기도 한다.

단, 무리한 승부욕으로 모든 걸 거는 남자는 위험하다는 것을 알아야 한다. 도전적이든 안정적이든 여자가 경제적 관념을 가지고 미래 대응의 능력을 키우는 것도 이 시대에는 필요한 덕목이라는 것을 인지하자.

11

아침형 인간인 남자
vs 저녁형 인간인 남자

얼마 전 모 프로그램에서 랩 음악을 하는 연하의 남자와 국악을 하는 여자의 결혼생활 모습을 본 적이 있다. 남편이 어려서 귀엽게는 보이지만 아내가 아닌 엄마의 역할을 하고 있는 것이 아닌가 생각하며 웃은 적이 있다.

물론 남자들은 아내로서만이 아닌 엄마, 친구 같은 역할을 할 수 있는 여자를 원하기도 한다. 집에 들어오면 게임방에 들어가 게임을 하고 밤에는 자신의 음악실 방에 들어가 밤새 음악을 만들며 춤을 추다 아내가 깰 시간이 되면 침대로 가는 남

이 남자, 결혼해도 될까요?

편. 아내는 새벽에 일어나 목을 풀어야 해 창을 한 소절 뽑으면 남편은 시끄럽게 한다며 소리를 치고 장구를 붙잡고 아내가 못 하게 막는다. 그런 남편이 얄미워 아내는 더 크게 노래하고 침대방 커튼을 젖히며 "아침이다~~" 소리치고, 남편은 응석부리듯 투정을 하며 이불로 숨어버린다.

밤에는 꿍짝꿍짝 음악을 틀어놓고 노래하는 남편을 말리느라 서로 밀고 당기듯 하는 모습이 싸움이 아닌 사랑 놀이라는 생각을 했다. 아내가 그런 남편을 이해하니 함께 사는 것이다. 남편도 그런 아내가 사랑스러우니 연상인 데다 서로 낮과 밤이 다르지만 결혼을 해 잘 맞춰가며 사는 것이다.

그런데 일반적으로는 낮과 밤이 바뀐 듯한 부부는 서로가 이해하며 조율해나가기가 쉽지 않다.

취미생활이든 가정생활이든 부부가 저녁형과 아침형으로 나뉘어 있다면 상대가 자신을 힘들게 한다고 투정하게 된다. 서로가 자신을 이해해주고 포용해주기를 바라기만 하다 갈등을 유발시키기도 한다.

잠이 없는 형은 잠이 많은 사람을 보며 게으르다고 하지만, 잠이 많은 사람은 잠이 없는 사람을 피곤한 스타일이라고 밀어붙인다.

밤에는 잠이 없고 무엇을 해도 집중이 잘되지만 아침잠이 많아 알람시계를 부여잡고 5분, 10분을 외치며 아내와 줄다리기를 하는 올빼미형 남자가 있는 반면, 밤 10시만 되면 시계를 맞춰놓은 듯 정확히 잠자리에 들고 새벽 4시에 일어나 책을 보거나 운동을 한 후 회사에 출근하는 아침형 남자가 있다.

아내가 같은 유형이라면 전자인 경우 회사 출근시간을 넘기는 일이 허다해져 남편은 내조를 해주지 않는다며 아내를 타박하게 될 것이다. 남자가 후자인 경우 아내가 아침잠이 많은 형이라면 남편의 아침상을 차려주고 출근 준비를 해주는 것이 여간 고욕스러운 일이 아니다. 아내의 바이오리듬을 이해해 아내가 깰까 조심스럽게 출근하는 남자가 아니라면 말이다.

올빼미형, 아침형도 습관으로 바꿀 수 있다고 하지만 바이오리듬 탓인지 체질 탓인지 절대 바뀌지 않는 사람도 있다. 부부가 상대의 상태를 이해해주고 조율하면 좋겠지만 그렇지 않다면 이런 바이오리듬의 문제도 부부싸움의 원인이 된다.

신혼 초 이 문제에 대해서도 서로 짚고 넘어갈 필요가 있다. 신혼 여행을 가서 며칠 지내다 보면 상대가 어떤 유형인지 파악이 될 것이다.

아내 입장에서는 아침잠이 많아도 내조를 한다고 남편을 출근시키고 다시 잠자리에 들기도 하지만, 남편이 너무 일찍 출근하는 상황이라면 마음은 내조의 여왕이 되고 싶지만 몸이 안 따라줄 수도 있다. 이런 경우는 노력하는 모습을 보이다 저녁에 미리 남편의 출근 준비를 해놓고 남편이 스스로 준비하고 나가게끔 조율할 필요도 있다.

신혼 초에는 아내를 위해 신경 쓰지 말고 자라고 배려하지만 살다 보면 남편을 위해 아침에 좀 일찍 일어나 신경을 썼느냐가 내조의 주요 문제로 자리 잡을 수도 있다.

서로 너무 다른 바이오리듬을 가지고 있다면 상대에게 불만 요소가 될 수 있다. 하지만 무엇보다 서로 노력해가며 상대에게 불편을 주지 않도록 하는 것이 중요하다. 내가 아침잠이 많다, 저녁에 잠이 안 온다는 것이 상대에게는 거꾸로 자리 잡고 있는 습관이나 체질이니 자신이 강한 시간대에 상대를 위한 배려와 준비를 해주는 모습을 보여야 한다. 서로 자신의 리듬만을 강조하면 불협화음밖에는 나오지 않는다.

상대의 바이오리듬을 이해해주고 깨지지 않게 해주는 것이, 상대의 컨디션을 좋게 만들 뿐만 아니라 둘 사이의 리듬도 잘 유지시켜주는 방법이다.

12
Yes 잘하는 남자
vs No 잘하는 남자

"일요일이니 청소 좀 해", "아이들 숙제 좀 봐줘", "우리 엄마한테 전화 좀 해봐, 집에 뭐 가지러 가야 해", "어머님께 잘 이야기해" 하는 아내의 말에 토 달지 않고 "알았어"라고 말하는 남편이 있다. 아내의 말을 잘 듣는 걸 보면 애처가나 공처가일 것이라는 생각이 들 것이다.

그런데 아내 입장에서는 속이 터진다고 한다. 저렇게 바로 알았다고 대답하는 남편이 많지 않다고 하니 아내가 속 터지는 이유는 "알았어" 답은 잘하는데 실행을 안 하니 문제라는 것이다. "알았어"라는 대답이 정말 말뿐이라는 것이다.

그래서 살아봐야 안다는 말이 나오는 것이다. 시어머니에게도 말을 안 전해 며느리만 이상한 여자로 만들어 시집살이를 보태는 남편이라 힘들다고 한다.

아내의 말에 무조건 "알았어"를 하는 남자는 가정의 평화를 위해서일 것이라고 조금은 이해할 수 있다. 그런데 시댁 식구나 아내의 말에 그 순간을 모면하기 위해 "예스"라고 답한다면 아내의 입장에서는 속이 상할 수밖에 없다.

주체성 없어 보이게 시월드들의 말에도 무조건 "네", "알았어"라고 대답한다면 듣고 있는 아내의 속은 터지고 말 것이다. 특히 돈이 나가는 일이라면 더더욱 말이다. 이런 남편에게는 대부분의 아내들이 "못해요", "싫어", "안 해"라는 말도 좀 해보라고 답답해하며 화를 낼 것이다.

귀찮아서 또는 인생 편하게 살려고 아내의 말에 무조건 "예스"라고 답하는 남자가 있다. 남편 자신의 의견은 말하지 않고 무조건 순종적으로 답하는 남편이 사는 데 편할까? 자기 의견이 강하거나 장녀로 자라 자신의 뜻대로 살아왔던 여자에게는 편한 남자일 수도 있다. 이런 남녀가 만나면 싸울 일이 줄어들겠지만 막내로 자랐거나 남편이 자신을 리드해주기를 원하는 여자들은 이런 남자들이 주체성도 없고 남편으로서의 위신도 없어 속 터진다고 할 것이다.

후자인 경우는 남편에게만 주체성이 없다고 다그치지 말고 남편이 자신의 의견이나 의중을 말하게 유도하며 습관을 길러 주는 편이 좋다.

반면 아내가 "밖에 나가는 길에" 하며 말을 하는데 말을 끊고 "못해", "시간 없어"라고 한다면 아내는 "내 말을 끝까지 듣지도 않고 뭘 못하고 싫어?"라며 싸움부터 걸 것이다. 물론 아내의 스타일을 알기 때문에 다음에 무슨 말을 할지 짐작이 가 먼저 선수를 치는 경우도 있지만 습관적으로 부정적인 답을 하는 남자가 있다. 이런 남편에게 대부분의 아내들은 "해본다는 말 좀 하면 입 안에 가시가 돋냐?" 하며 분통을 터뜨릴 것이다.

이런 남자들은 어릴 때부터 '싫어요', '안 해요'라는 말을 하며 살아온 경우와 아내와 살다 보니 아내의 성향을 알아 미리 부정적인 답부터 하는 경우로 나뉠 수 있다.

남편의 부정적인 응답 때문에 부부싸움이 잦다고 하지만, 아내 입장에서 남편에게 긍정적인 답이 나오게 했는가는 생각하지 않고 상대 탓만 하는 경우가 많다.

사람들은 대부분 서로 돌아올 답을 뻔히 알면 좋은 목소리나 표현을 안 하게 된다. 이런 남편에게는 투정을 해보아도 "소 귀에 경 읽기" 식인 경우가 많다. 남편이 긍정적인 답을 할 수 있도록 아내가 조금 더 부드럽게 남편을 유도해가는 인내심을 키운다면 서로의 소통 문화를 바꿀 수 있다.

연애할 때 무조건 예스를 하는 게 작업 멘트는 아닌가 혹은 예스, 노 한쪽에 치우쳐 건성으로 답을 하는 습관이 있는 남자가 아닌지도 잘 살펴보라. 연애 때는 이해하고 넘어갈 수 있는 것도 매일 보는 사이가 되다 보면 절대 이해할 수 없는 일이 될 수도 있다.

연애 때부터 유난히 예스, 노에 대해 확고한 성격인 듯하면 대화법을 바꾸도록 만들어가는 것이 좋지 않을까. 결혼 후보다는 결혼 전 서로에게 잘 보이기 위해 노력할 때가 서로 조율하기 좋은 분위기일 테니 말이다.

남편이 문제인 경우도 있지만 아내의 성격이나 대화법 때문에 남편이 한쪽으로 치우친 응답을 하는 경우도 많다는 것을 알았으면 좋겠다. 남편에게만 불만을 토로할 것이 아니라 자신의 문제점도 돌아볼 필요가 있다.

예스, 노 둘 중 하나만 선택해서 대답해야 할 것만 같은 지시적인 말보다 청유형의 대화법을 먼저 해보자. 그리고 상대의 반응을 살피며 상대의 유형을 파악하는 것이 중요하다.

13
살림을 아는 남자
vs 살림에 무관심한 남자

    가전제품이나 새로 나온 그릇 등을 판매하는 홈쇼핑 프로그램을 보면서 "저거 예쁘다, 우리 하나 살까?" 하며 집안 살림살이에 유난히 관심을 보이는 남자가 있다.

    이런 남자는 아내가 "그릇이 있는데 뭘 사" 하며 무관심을 보여도 "주말에 스테이크라도 해서 담아 먹으면 예쁘고 분위기 있잖아" 하면서 사들이곤 한다. 아내가 그릇 등 살림살이에 관심이 많다면 이런 남자와 잘 맞을 것이다. 하지만 살림살이 늘리는 것을 싫어하거나 돈 낭비라고 생각하는 아내라면 "심심하면 잠이나 자지", "남자가 그릇 작아 보이게 왜 살림살이에 관심을 둬?" 하며 타박을 주게 되고 심하면 부부싸움으로 번지게 된다.

아기자기한 것을 좋아하고 집안에도 남자의 손길이 필요하다며 정리하고, 마트에 가면 새로 나온 살림살이에 관심을 가지는 남자들이 있다. 혼자 사는 남자 중에도 혼자 사는 여자보다 집을 더 예쁘고 아늑하게 꾸미며 사는 남자들이 많지 않은가. 여자가 부지런하고 예쁘게 꾸미는 것을 좋아하는 유형이라면 천생연분이 된다.

게다가 요즘은 그릇이나 가전제품, 인테리어뿐만 아니라 가족에 대한 것들을 아내보다 더 세심히 챙기는 남자들이 많이 늘었다.

예전 아버지들 세대에서는 이런 남자들이 손에 꼽을 정도여서 "남자 맞아?"라며 핀잔을 듣기도 했지만 요즘은 그런 남자들을 봐도 별종이라는 느낌을 전혀 받지 않을 만큼 늘었다.

대체로 아내가 부지런하지 않거나 자주 잊어버리는 성향이라면 장보기부터 집안 꾸미기, 집안 대소사 등을 아내보다 잘 챙기는 세심한 남편을 두는 것이 고맙기도 하고 의지하며 살게 된다.

그러나 부지런하지 않은 성향의 아내라도 자신이 모르고 지나치는 일에 세심하게 챙기는 것을 오버라고 생각한다면 사사건건 부부싸움으로 번지게 될 것이다. 이런 경우 남편은 세심해서 오히려 일을 더 만드는 귀찮은 존재가 되기 때문이다.

이렇게 집안 꾸미는 것에 관심이 없지는 않지만 부지런하지 않은 유형이라면, 주말에도 꾸미고 치우고 하는 남자를 보면 번거롭고 짜증이 나게 된다. 그렇다 하더라도 집안 살림살이 변화나 집안 분위기 바꾸기에 열중인 남자를 타박하지 않도록 하라. 알아서 가꾸고 챙겨주니 감사하고 행복하다고 하라. 그러면 결혼 후에도 남자는 자신이 다 하겠다고 오히려 목에 힘을 주고 생색 내며 할 것이다.

그런데 사다 놓는 것은 좋아하면서 정리를 하지 않고 여자의 몫으로 돌리는 남자들이 간혹 있다. 이럴 때는 집 안에 쌓이는 것들을 보며 집안일에 관심을 가져주는 남자가 마냥 이쁘기만 하지는 않을 것이다. 심지어 묻지도 않고 쓸 데 없이 돈 쓰고 집안 살림만 늘려 복잡하게 만든다며 남자를 타박하게 된다.

하지만 무조건 남자에게 화를 내거나 짜증을 낼 것이 아니다. "살 때는 같이 보고 사고 집에 있을지 모르니 물어보고 사오라. 그리고 사오는 재미만큼 같이 꾸미는 재미도 가져보자"며 남자를 달랜다면 그도 이해를 하고 도와주려 할 것이다.

반대로 집안 살림살이에는 도통 관심이 없는 남자가 있다.

아내가 못 박는 것을 도와 달라 해도 "집에 와 쉬는 사람에게 일을 시킨다"며 투덜거리고 밥그릇, 이불이 바뀌어도 전혀 모르는 남자가 있다.

아버지의 그런 모습을 보고 자랐났거나 어머니에게서 남자는 집안일에 관심을 두지 않아야 큰일을 할 수 있다는 교육을 받은 남자 중 이런 유형들이 있다. 타고난 성격은 바뀌지 않는다고 하지만 후천적으로 무관심형으로 바뀐 남자인 경우도 있다.

남자가 집안일에 시시콜콜 관심을 가져주는 것이 불편한 여자에게는 제격이지만 남자가 알콩달콩 살림 챙겨주기를 바라는 여자에게는 빵점짜리 남편이 된다.

예쁜 그릇, 이불을 바꾼 날은 남자에게 "당신을 위해 새로운 것으로 바꿔봤어"라며 너스레를 떨어보라. 속으로는 바뀐 것을 알지만 표현력이 없는 남자는 속으로는 좋아할 것이다. "예쁘다", "잘 샀네"라는 칭찬도 유도해보자. 감정을 자주 표현하게 하면 서서히 변화하게 될 것이다.

집안일에 도통 관심이 없는 건지 알면서 모른 척하는 건지 무심해 보이는 남자에게도 단점이라며 몰지만 말고 대화를 통해 마음을 표현하게 만드는 것도 싸움을 줄이는 방법이다.

무관심형이든 관심형이든 서로의 유형에 따라 행복에겨울

수도 있고 싸움으로 번지게 될 수도 있다. 남자가 변화하기를 바라기만 하기보다는 변화할 수 있게 만드는 것도 내조의 덕목이 아닐까. 내 남자로 만들기 위해서 말이다.

이런 유형은 연애 시절부터 파악해나갈 수 있다. 여자와 쇼핑 다니는 것을 즐기고, "결혼하면 저런 거 사자"라며 관심을 보이는 남자는 결혼 후에도 살림살이에 관심을 가질 남자일 확률이 높다. 여자가 쇼핑을 하자면 "난 쇼핑 다니는 것이 제일 피곤해"라고 하거나 여자가 카탈로그를 보여주며 "이거 예쁘지? 신혼집에 어울릴 것 같지 않아?"라고 해도 무관심하거나 "살림살이는 여자가 알아서 준비하거나 여자가 좋아하는 것을 하면 되지"라며 시큰둥하게 반응하는 남자는 결혼 후에도 크게 달라지지 않을 것이다. 연애 시절부터 남자의 유형을 잘 파악하고 리드해보는 것이 서운함과 갈등을 줄일 수 있는 방법이다.

남자가 집안일이나 살림에 대해 매우 관심이 많거나, 극단적으로 무관심한 성향이라면 여자가 다그치거나 면박을 주지 않는 것이 좋다. 자신의 강한 성향을 침해받고 싶지 않은 것은 사람이라면 누구나 같은 마음이니까.

14
주말 은둔형 남자
vs 주말 나들이형 남자

"내일은 토요일이니 나 깨우지 마." 금요일 밤이면 알람시계처럼 읊어대듯이 말하고 이불을 뒤집어쓰며 잠자리에 드는 남자가 있다.

이런 남자는 토요일뿐만 아니라 일요일이나 빨간 날은 언제 일어난다는 말도 없이 한없이 자고 일어나서는, 밥 먹고 소파에 앉아 리모컨을 손에 쥐고 돌리다 다시 자기를 반복하여 아내의 심기를 건드린다. 그런 모습도 꼴 보기 싫은데 "물", "라면" 게다가 "재떨이"까지 외치면 아내는 폭발하고 만다.

이런 남자는 "하숙생이라도 주말에 자기 방은 치우겠다"며 폭발하는 아내를 이해하기는커녕 일주일 내내 고달프게 일한 남편을 주말에는 편히 쉬게 해주는 것이 내조라며 아내를 이상한 여자로 몰기도 한다.

주말이니 어디 드라이브라도 가자는 아내를 귀찮은 존재인 듯이 무시하면, 아내는 남편에게 자신을 도우미로 데리고 온 것이냐며 푸념할 수밖에 없다.

게다가 꼼짝도 하기 싫어하는 남편이 시댁의 부름에는 벌떡 일어나 가자고 하면 아내의 속은 끓다 못해 터져버리고 만다. 남편도 아내의 그런 모습을 이해불가라고 한다.

이럴 때는 잠깐 집 앞 마트에 가면서 바람 좀 쐬자라고 말하거나, 남편이 좋아하는 것을 생각해(예를 들면 DVD, 만화책, 먹을거리 등) 남편의 관심을 유도해 일으켜 세우도록 해보라. 움직이기 시작하다 보면 아내와 같이 주말에 나가는 횟수가 점차 늘게 될 것이다. 서운하다고 투정하면 오히려 부정적 결과만 나올 뿐이다.

주말이면 조금 늦잠을 자도 움직이며 스트레스를 푼다는 남자가 있다. 가까운 온천을 가거나 마트를 가거나 맛집을 찾는 것을 즐기는 남자는 아내에게 연애 시절로 돌아간 듯한 느낌을 줄 것이다. 그런데 여자가 밖에 나가는 것은 돈만 쓰고 피곤하다며 돈 들이지 말고 집에서 먹고 쉬자고 하면 남자는 몸이 뒤틀리게 된다.

아는 후배인 R은 남편이 늘 어디 가는 것을 좋아하지만 정작 자신은 "피곤하게 나가서 돈 쓰느니 주말에는 집에서 먹고 쉬는 게 좋다"라고 했다가, 남편이 친구들과 산에 가고 드라이브를 간다며 나가 서로 냉전을 벌이기도 했다고 한다. 남편의 활동적인 모습이 자신과 연애하기 위해 꾸민 것인 줄 알았는데 원래 그런 것을 좋아한다는 것을 알게 된 R은 자신이 먼저 인터넷으로 검색해 주말에 가고 싶은 곳을 남편에게 얘기한다고 한다. R의 그런 반응에 남편이 무척 좋아함은 물론 함께 여행하며 이야기하는 것이 부부금실을 더 좋게 만들어서 좋다고 했다.

사람마다 스트레스를 푸는 방법, 삶에서 의미를 두는 부분이 각각 다르다. 너무 한쪽으로 치우쳐 있으면 상대를 피곤하게 만든다. 결혼은 혼자가 아닌 둘이 더불어 살아가는 것임을 잊지 말자.

여자가 움직이는 것을 귀찮아하는 형이라면 이런 활동적인 남자와 타협점을 만들어보라. 한 주는 밖에 나가고 한 주는 집에서 맛있는 것을 해 먹으며 집에서 뒹굴거리며 쉬자고 말이다. 좋아하는 것들을 준비해주면 남편도 집에서 있는 것도 행복하다는 것을 느끼게 될 것이다.

서로가 자신이 하고 싶은 대로만 끌고 나가려 하는 것은 사랑이 아니라 미움과 불만만 솟아오르게 만든다.

연애 때는 움직이는 것을 귀찮아하는 남자들도 여자의 마음을 얻기 위해 부지런을 떨어댄다. 그런데 결혼 후 변했다며 배신감을 느낄 필요는 없다. 연애 때부터 남자의 성향을 파악할 수 있는데 있는 그대로 느끼고 단정 지으려 한 자신의 문제점도 생각해보아야 한다는 것이다.

나들이형들은 연애 때도 좋은 곳, 맛집 리스트를 뽑아 다니며 데이트를 즐기려 하지만, 방콕형인 남자들은 영화관이나 집에서 비디오를 보며 쉬자는 말들을 자주 한다.

간혹 좋은 곳을 찾으며 여행을 가는 남자와 늘 새로운 데이트 코스를 찾는 남자는 근본 유형이 다르다는 사실을 알고 잘 파악해보자. 여자가 사는 방식에 따라 남자의 성향이 장점 혹은 단점으로 자리 잡게 된다는 것을 연애 때부터 생각해봐야 한다.

15
누나 있는 남자
vs 여동생 있는 남자

　누나나 여동생이 있는 남자는 남자 형제들 사이에서 자란 남자보다 여자 친구의 마음을 잘 읽는 장점이 있다. 남자들 사이에서만 자란 남자들에게는 낯설고 이해하기 어려운 여자의 세계를 이해해가며 다독거려주어 연애 시 작은 갈등을 동반하지 않기도 한다. 또한 선물을 고르거나 데이트를 준비할 때도 여자의 마음을 잘 헤아려주어 흐뭇한 감동을 주기도 한다.

　하지만 이런 남자들 중에는 '누나보이'형인 경우가 많다. 마마보이만큼 꼴불견이고 아내의 속을 뒤집어놓는 유형이 바로 누나보이형 남편이다.

    남자들은 자신에게 '마마보이', '누나보이'라는 타이틀이 붙는 것을 수치스럽게 생각하기도 한다. 자신이 남성답다고 자부하는 남자들은 더더욱 이 말을 거부하고 합리화하려 한다.

    그래서 자신들은 다른 가정보다 어머니, 누나와 각별한 사이이기 때문이라고 외치지만 그건 스스로를 합리화하는 발언일 뿐이다. 여자 친구 입장에서는 정말 밉상이고 꼴불견일 수밖에 없다.

    남자 친구가 무조건 누나의 말에 휘둘리는 것을 각별한 가족관계로 이해하기란 쉬운 일이 아니다. 남의 이야기로 들을 때는 '그럴 수도 있지'라고 하지만 당하는 여자에게는 짜증의 연속이 될 수밖에 없다.

    이런 상태로 결혼하게 되면 상황은 더욱 악화된다. 남편이 중간 처신을 잘해도 시월드란 편하지 않은 존재인데 남편까지 주체성 없이 '누나보이' 기질이 있다면 결혼생활에도 큰 영향을 미쳐 여자는 아주 극심한 스트레스를 겪게 된다. 결혼은 둘만으로 이루어지는 것이 아니기 때문이다.

    L은 결혼 전부터 어머니, 연년생인 누나와 아주 각별하게 지내는 K를 보면서 가족애가 넘치는 가정에서 자랐다고 생각했다. 여자 형제에게 잘하니 결혼하면 아내에게도 아주 다정하

리라는 믿음까지 갖게 되어 결혼을 결심했다.

결혼 후 K가 늘 엄마처럼 따르는 누나의 눈치를 살피며 아내에게 "시집 식구들을 싫어하니 마음이 안 열리지"라며 원망하는 것까지도 참을 만했다.

한 살 차이인 시누이는 자신은 다른 집 시누이들과 달리 올케를 생각한다며 늘 말하지만, 자신이 시댁에 하는 것도 문제가 있어 보이는데 L에게 시어머니에게 어떻게 해야 사랑을 받는지 훈시를 늘어놓을 때면 듣기가 너무 거북했다. '너나 잘하시지' 하는 말이 목구멍까지 차오르는 것을 참으며 한 귀로 듣고 한 귀로 흘려보내려 노력했다고 한다. 하지만 남편 얼굴을 보면 울화가 치밀어 올라 시댁 식구들 문제로 부부싸움을 자주 하게 되어 스트레스가 이만 저만이 아니었다고 한다.

그러던 중 시누이가 아들 돌잔치를 굳이 집에서 요리사를 불러 하겠다고 했고, 시댁에서 친가, 외가 친척들을 불러(참고로 친·외가가 15명도 넘었다고 한다) 돌잔치를 하게 되었다.

며느리가 L 혼자라서 요리사 아줌마와 잔치 준비를 하는 것도 힘들었는데, 잔치 후 그 많은 설거지부터 뒷처리까지도 L의 몫이 되었다. 부엌에서 다리가 붓고 허리까지 아파 힘들기도 했지만 L은 혼자 일하는 동안 시월드 여자들이 방에 모여 호호하하 즐겁게들 떠드는 소리에 서러움이 복받쳐 올라 눈물까지 흘렀다.

임신 8개월의 몸으로 오랜 시간 주방일을 하다 구토증세까지 보인 L에게 시누이는 "눈치껏 하지"라며 미안해하기는커녕 눈치가 없는 것이 문제라는 식으로 말을 했다. 게다가 누나, 매형과 술 한 잔 하고 갈 테니 먼저 집에 가라는 남편의 말에 L은 할말을 잃고 말았다.

그러던 중 시부모님이 연말에 해외로 나가는 일이 생겨 L은 새해 아침을 친정에서 맞을 수 있겠다고 좋아하고 있는데, 남편은 L에게 새해 아침에 누나네 집에 가서 밥을 먹어야 한다고 했다. 그 말에 분노가 치밀어 올라 크게 싸웠다고 한다. 이런 일들을 겪고 나면 시금치의 '시' 자만 들어도 숨이 막히고 만다.

L 부부 사이의 싸움은 대부분이 시월드 때문이었고, 또 이것 외에 여러 가지 일을 겪으면서 시월드에서 떠나고 싶은 정신적 고통에 이혼을 결행하게 되었다고 한다.

이런 이야기를 주변 사람들에게 하면 남편 믿고 그러려니 하고 넘기라고 말들 하지만 직접 정신적 고통을 당하는 당사자에게는 결혼생활 중 가장 큰 스트레스를 주는 사람들이 시월드 여자들이라고 한다. 여자 형제가 있다는 남자들은 남자 명부에서 뺄 정도로 시월드 여자라는 존재들이 준 상처는 쉽게 치유되지 않는다고 한다.

물론 시누이들과 자매처럼 지내는 사람들도 있다. 드라마에서는 흔히 있는 일이지만 현실에서는 극히 드문 일이기도 하다.

K는 결혼 전에는 서먹했던 시누이가 자신도 시댁과의 불편함을 토로하며, 올케는 시집 식구가 불편하지 않았으면 좋겠다며 말벗이 되어주고 남편이 속을 썩이면 두 팔 걷고 K의 편을 들어주어 든든한 백그라운드라고 한다.

시어머니보다 음식이든 뭐든 더 챙겨주려고 애쓰고 시어머니가 불평을 하는 듯하면 "우리 시어머니랑 똑같아"라며 시어머니가 불평을 더 이상 못하게 막아주어 요즘 아이들 말로 '짱'이라고 한다. 이런 시누이를 만나면 다른 곳에 가 시집 식구 흉을 보며 가슴의 한을 풀어낼 일은 없을 것이다.

R은 열 살 차이가 나는 늦둥이 여동생에게 어렸을 때부터 오빠 겸 보호자 역할을 해주면 살아왔다. J는 R과 연애할 때 R의 여동생이 언니라며 잘 따라 귀여워해주고 잘 지내 결혼 후에도 잘 지낼 줄 알았다.

그런데 여동생은 오빠가 결혼한 후에도 너무 "오빠, 오빠" 하며 의지하고 찾아 둘만의 시간을 방해하는 일이 많았다. 참다못한 J가 남편에게 불평을 했는데 "어린 동생이고 난 아빠 같은 존재다, 그런 여동생을 귀찮아하면 곤란하다"며 더 이상 문제 삼지 말라는 듯 못을 박았다.

J가 직접 시누이에게 "오빠는 오늘 바쁘다", "이젠 남자 친구를 만나 남자 친구와 시간을 보낼 나이다"라고 말하는 등 거리를 두려 했지만 사사건건 오빠에게 고자질해 남편과 다툼으로 이어지게 되었다.

시어머니에게 이야기해도 돌아오는 것은 여동생을 잘 돌보지 않으려 한다는 타박과 눈흘김이었다.

더욱더 참을 수 없는 것은 여동생이 원하는 것은 뭐든 해주려고 하기 때문에 발생하는 경제적인 지출이었다. J는 불같이 화를 냈지만 그럴수록 R은 아내에게 비밀을 만들어갈 뿐이었다. 여동생과의 너무 진한 우애 빼고는 남편으로서 큰 불만이 없어 참고 살아보려는데 억장이 무너진다고 한다. 이런 여동생과 아내가 쿵짝이 맞는다면, 오히려 새언니 입장을 오빠에게 말해 동생 말 잘 듣는 오빠가 아내의 말을 잘 듣도록 만들 수도 있다.

여자 형제들과 단지 가족애인지 너무 지나친 애정을 담아 아내를 뒷전으로 하며 그들과의 관계를 소중하게 생각하는 것은 아닌지 잘 파악해보자. 부부관계에 금이 가게 하는 원인이 될 수 있다.

여자 형제들의 말에만 귀 기울이는 남편이라면 남편과 여자 형제들만 탓할 것이 아니라 여자 형제들의 마음을 열게 해 자신의 편으로 만드는 것도 현명한 방법이 될 수 있다.

하지만 여자 형제들이 자신의 식구들과만 결속하고 며느리는 남의 식구라는 듯 대하는 성향을 보인다면 남편을 내편으로 만들어야 한다. 다그치고 몰아세우면 오히려 왕따가 되고 만다. 부부관계를 청산할 것이 아니라면 현명히 대처해나가야 한다.

신경이 너무 예민해지면 좋은 것도 색안경을 끼고 보게 된다는 것도 자신을 위해 생각해보자. 그들이 바뀌지 않는다면 가장 큰 정신적 고통과 피해를 보는 것은 자신일 테니 말이다. 그렇지 않고 살 거라면 예민하게 반응하지 말고 덤덤하게 한 귀로 듣고 한 귀로 흘리도록 마음을 다스려야 한다. 그들로 인한 남편과의 싸움은 자신의 소중한 가정을 흔들리게 할 뿐이다.

연애 때도 남자가 여자 형제들에 대해 얼마나 큰 비중을 두는지 알 수 있다. "여동생이 쉬는 날이니 같이 드라이브 가자", "누나 집에 가서 밥 먹자" 등 여자 형제들에 대해 유난히 신경을 쓰는 듯 언행하기도 한다. 결혼을 생각하는 여자 입장에서는 '여자 형제들과 친해지게 하려나 보다'라는 생각으로 대수롭지 않게 넘기고 만다.

하지만 여자 형제들에 대해 유난히 신경을 많이 쓰는 듯 말하거나 행동한다면 결혼 후까지 영향을 미치게 된다는 것을 미리 감지하고 결혼 전 확고하게 자신의 의중을 이야기하고 정리해두는 것이 좋다.

남자에게 여자 형제가 있다는 것은 아무래도 나쁜 점으로 작용할 확률이 높겠지만 미리 겁먹고 벽을 쌓을 필요는 없다. 사람은 상대적인 것이라 자신이 거리감을 두면 상대는 벽을 더 높이 쌓으려 하게 된다. 상대는 마음을 열고 남동생보다 더 친해지고 싶었는데 먼저 '시' 자니까 하며 거리감을 둔다면 안타까움보다는 괘씸함이 앞서게 되는 것이 사람 마음이다.

그렇다고 친해지기 위해 남편의 흉을 보며 자신과 한편인지 떠보려 하는 것은 아주 위험한 일이다.

남편이 유난히 챙기는 시누이, 여동생이라면 자신이 남편보다 더 챙기며 각별히 대해보자. 남편보다 그들과 자신이 더 가까운 사이가 될 수 있다. 또한 남편은 그런 아내가 고맙고 예쁘게 보일 수밖에 없을 것이다.

입장 바꾸어 자신이 각별히 생각하는 남동생, 오빠를 남편이 더 생각해주며 잘 챙겨준다면 어떤 마음일지 생각해보자. 밉다고 생각하면 모든 게 다 이상해 보이고 미워 보이지만 이해하려 들면 마음이 열리고 좋은 마음으로 바라볼 수 있게 된다.

그래도 남편이 자신을 이방인처럼 만들면서 누나보이처럼 행동한다면 행동 규칙을 만들어줄 필요는 있다.

적을 만들기 위한 규칙이 아닌 아내인 자신의 역할을 위해 이러이러한 것들은 주의해 달라는 식의 규칙 말이다. 이제는 한 가정의 가장이라는 것을 인지시켜 주면서 말이다.

16
옷 잘 입는 남자
vs 옷 못 입는 남자

   비주얼에 유난히 신경을 쓰는 여자들은 외모 관리에 관심이 없거나 관리를 한다는데도 영 촌스러움을 벗어나지 못하는 남자들에게는 관심조차 두지 않으려 한다.

   자연스레 알다 보니 '괜찮은 남자다'라는 생각이 들어 마음을 열게 되기도 하지만 외모를 중시하는 여자들이 촌스러운 남자에게 필이 꽂힐 리가 없다. 이런 가치관이 있는 여자들은 세련되고 광나게 외모 관리를 하는 남자에게 관심과 필이 팍 꽂히게 마련이다. '끼리끼리'라는 말을 자신의 커플에 끼워 맞추려는 듯이 말이다.

요즘은 여자보다 더 외모 관리에 관심이 많은 남자들이 늘고 있다. 예전 아버지 세대는 아내가 넥타이를 골라주지 않으면 늘 같은 것을 매는 남자가 대부분이었고, 외모 관리를 하는 남자를 아주 드물게 볼 수 있었는데 요즘은 비율이 반대가 된 듯하다. 피부관리를 위해 피부과나 마사지숍에 다니는 남자들을 심심치 않게 보게 되니 말이다.

매너 좋고 조건 좋은 남자가 외모 관리까지 깔끔하고 세련되게 한다면 금상첨화다. 그런데 여자를 꾀는 작업용으로 또는 폼생폼사라 명품만을 고집하는 남자는 결혼 후에 아내에게 마음 고생을 겪게 할 가능성이 매우 높다.

여자를 꾀기 위해서가 아니라 자신의 사회적 이미지 관리를 위해 코디를 하거나 유행 감각이 뒤지지 않으려 관리를 하는 남자들도 많다. 외모 관리를 하는 남자들이라고 무조건 '바람둥이'일 것이라고 색안경을 끼고 봐서는 안 된다.

자신의 스타일과 브랜드를 너무 고수하는 남자는 결혼 후 아내와 마찰을 빚기도 한다. 여자들은 결혼하면 내 남자의 스타일을 만들어주는 행복감을 맛보려 하기도 하는데 아내의 감각이 자신보다 못하다고 타박하거나 사온 옷들을 늘 바꾸려 든다면 아내의 마음은 당연히 상할 수밖에 없다.

여자든 남자든 자신의 스타일을 유난히 드러내는 성향이 강한 사람들이 있다. 남편이 자신의 스타일을 고집한다면 그대로 인정해주는 것이 좋다. 아주 괴상한 스타일이라 보기 민망할 정도가 아니라면 말이다.

외모 관리에 세심한 신경을 쓰는 남자는 자신의 여자도 자신이 좋아하는 스타일로 만들려 하기도 한다. 아주 상반된 스타일이라면 서로가 피곤해질 것은 뻔한 일이다. "이상하다", "촌스럽다", "감각이 있는 척하지만 감각이 제로다"라는 등의 자존심을 건드리는 말들을 늘어놓아 큰 싸움으로 번지지 않도록 주의하라.

"너무 좋은데 내가 소화시키긴 좀 힘든 스타일이라", "우리 남편 센스는 알아준다니까" 하는 칭찬의 말들로 기를 세워주며 우회적으로 거절하거나 피해가면 외적 관리 문제가 다른 싸움으로 번지지는 않을 것이다.

결혼했다고 모든 것을 자신의 스타일로 바꾸려 드는 것도 아집일 수 있다. 현명한 여자들은 남편의 스타일을 인정해주며 좋아하는 성향을 벗어나지 않는 범위 내에서 관리해주려 한다.

반면 외모 관리에는 영 관심이 없는 남자가 있다. 여자가 없어 관리를 할 줄 모르는 경우와 남자는 외모 관리를 할 필요가 없다는 생각을 강한 신념처럼 갖고 있는 경우다.

전자의 경우는 아내가 관리해주면 외모를 변화시킬 수 있겠지만 후자인 경우는 또한 마찰을 빚게 된다.

"요즘 시대가 어떤데", "내 남자라면 관리를 해야 한다", "창피하다"는 등의 말들을 해 남편의 자존심을 상하게 한다면, 아내가 해주는 대로 하려는 마음을 갖고 있다가도 반발심이 생겨 청개구리 심보로 변해버린다. 완전 변신을 꾀하려 하지 말고 하나씩 서서히 관리해주면 남편을 자신의 스타일로 바꾸어갈 수 있다.

외모 관리가 딱 자신의 스타일이라 필이 꽂힌 경우는 외모 관리에 과다 지출을 하는 남자는 아닌지 유심히 살펴보자.

외모 관리가 영 '내 스타일은 아니다'라는 남자들 중에도 아주 좋은 남편감이 있을 수 있는데 스스로 복을 버리고 있지는 않은가 잘 검색해보도록 하자.

남들에게 보이는 외적인 것은 살아가는 데 중요한 덕목이 되지는 않는다는 것도 알아야 한다. 이런 요인들은 가장 바꾸기 쉬운 것이고 결혼생활에서 큰 문제가 되지는 않는다. 자신이 오히려 너무 유난을 떨어 남자를 피곤하게 만들고 있는 것은 아닌지도 생각해보도록 하자.

여자가 남자에 대해
가지고 있는 환상들

1. 얼굴이 귀티 나면 귀하게 자란 줄 안다

얼굴이 하얗고 귀티 나면 귀하게 자란 왕자님일 것이라고 생각한다. 생긴 것과는 다르게 험하게 자라 생각이 부정적인 남자일 수도 있다.

2. 돈 잘 쓰면 돈이 많은 줄 안다

데이트 할 때 또래 남자들보다 돈을 잘 쓰면 돈이 많은 남자라고 착각하게 된다. 집이 부유하거나 자신의 능력이 있는 것도 아닌데 카드 빚을 내서라도 돈은 써야 한다는 생각을 가지고 있는 남자일 확률이 높다. 또한 능력 있는 여자를 자신의 여자로 만들기 위한 전략일 수도 있다.

3. 좋은 차를 타면 능력이 뛰어난 남자라고 생각한다

남자들 중에는 차에 유난히 집착하는 남자들이 많다. 차는 소유물이 아니라 자신을 대신하기 때문에 돈이 없어도 좋은 차를 타야 한다는 철학을 가졌거나 마음에 드는 차가 나오면 바꿔야 한다는 집착증을 보이는 남자들이 있다. 연애할 때는 좋은 차를 타고 데이트하면 기분이 좋아지는 것은 사실이다. 그런데 결혼 후 남자의 차에 대한 집착 때문에 생활에 타격을 받게 된다면 심각한 상황을 초래하게 만들기도 한다는 것을 알아야 한다.

4. 부모에게 잘하는 남자가 가정적일 것이라고 생각한다

부모에게 잘하는 남자를 보며 가정적이고 자신의 부모에게도 잘할 것이라는 믿음을 갖게 된다. 그러나 부모 눈치를 보며 자라 잘해야 한다는 강박관념을 가지고 있는 경우도 있다. 또한 마마보이라 어머니 치마폭에서 자란 남자일 수도 있다. 자신의 부모에게 잘하는 것과 처가에 잘하는 것은 별개인 경우가 많다. 여자에게만 자신의 부모에게 잘하라고 강요하는 남자일 확률도 높다는 것을 알아야 한다.

5. 내 남자는 절대 다른 여자를 보지 않는다

내 남자는 절대 다른 여자에게 한눈을 팔지 않는다는 믿음을 갖는 것은 좋다. 그러나 내 남자도 남자라는 것을 인정해야 한다. 바람을 피우지 않는 남자도 있다. 능력이 없어서이거나 정말 이 여자보다 더 나은 여자는 없다는 생각을 가지고 있는 경우도 있을 것이다. 하지만 남자들은 거의가 몸으로든 마음으로든 한눈을 판다고 하지 않는가. 깊은 믿음은 가슴 깊은 곳에 상처를 남길 수 있다는 사실을 인정해야 한다. 여자에게 충성을 보이며 전략적으로 다른 여자와 양다리를 걸치는 치밀한 남자들도 많다. '내 남자도 남자다'라는 생각을 가지고 믿도록 하라.

6. 유머 감각이 있으면 성격이 좋은 줄 안다

유머 감각이 있어 사람을 편하게 대해주면 성격이 좋다고 생각한다. 사람들과의 만남에는 유쾌한 사람이지만 여자에게는 자신의 스트레스를 풀려는 유형인 경우도 많다. 연애 초기에는 여자에게 즐거움을 주지만 시간이 갈수록 자신의 스트레스를 풀어주는 여자가 되기를 강요하기도 한다.

7. 얌전한 유형이라 사고 칠 스타일은 아니다

양기가 입에 올라온 남자, 양기를 품고 있는 남자가 있다. 거칠고 야한 말은 하지 않는 얌전한 남자가 조용히 티 안나게 나쁜 일은 하고 다닐 수 있다. 얌전해 보이는 남자가 자신의 친구들에게는 여자들과의 잠자리 무용담을 떠들고 다니는 예도 가끔 본다. 자신의 여자만 모르는 남자일 수도 있다는 것을 알아야 한다.

8. 활동적인 남자가 바람둥이일 확률이 높다

활동적인 남자는 바람둥이일 것이라는 생각은 위험하다. 운동이나 대인관계가 활발하고 활동적이지만 오히려 남녀 관계는 건강하게 사는 남자들이 많다. 소극적으로 사는 남자들이 스트레스를 풀기 위해 여자들과의 관계를 만들어가기도 한다는 것을 알아두어야 한다.

9. 돈 많은 남자와 살면 풍족할 것이다

돈 많은 남자와 살면 자신이 하고 싶은 것은 모두 누리며 살 수 있을 것이라는 생각은 환상일 수 있다. 돈은 많지만 아내에게는 경제권을 주지 않아 오히려 돈이 없지만 월급은 모두 아내에게 주는 남자와 결혼한 여자들보다 더 궁핍하고 초라한 생활을 할 수 있다. 있으면서 안 주는 남자와 살면 여자 입장에서는 더 치사하고 초라한 기분이 들게 된다.

남자 사용
설명서

1. 든든한 아버지이길 바라지 말라

아버지보다 더 든든한 남자도 있지만 아들 하나 키운다는 생각이 들게 하는 남자들이 더 많은 것이 현실이다. 아버지만큼 든든한 남자일 것이라는 희망이 스스로를 힘들게 한다는 사실을 알아야 한다. 여자들과 마찬가지로 아내 같은, 애인 같은, 엄마 같은 여자를 희망하는 남자들도 그만큼 많다.

2. 무조건 남자에게 순종하는 여자가 되지 말라

남자로서 존중은 해주어도 가련한 여주인공처럼 모든 것을 다 바쳐 충성하지 않도록 하라. 여자에게 고마워하기보다는 그런 심성을 이용하려 드는 남자들이 의외로 많다는 것을 알아야 한다. 그렇게 보이지만 자신의 실속을 따지는 여자라면 괜찮다. 헤어지고 나면 그 여자가 최고였다며 후회하지만 곁에 있을 때는 잘하는 것을 고맙게 생각하는 남자들이 많지 않다.

3. 남자의 여자 문제를 캐려 들지 말라

"모르는 게 약이다"라는 말이 맞다. 알게 되면 자신의 속앓이로 마음의 병만 깊어진다. 알게 되었다면 다시는 바람을 피우지 않게 혼내주어야 하지만 일부러 캐려 들지는 말라. 안 만나거나 살지 않을 거면 모르지만 계속 만나거나 살 거라면 스스로 병을 만드는 일을 하지 않도록 하는 것이 자신을 위해 현명한 길이다.

4. 큰 일이 아니라면 가벼운 거짓말은 넘어가주라

거짓말은 또 다른 거짓말로 덮게 된다. 둘 사이의 불신을 만드는 일이라면 진실을 밝혀야겠지만, 둘 사이에 싸움을 만들지 않기 위해 하는 귀여운 거짓말에 진상 규명 하듯 따지지 않도록 하라. 사과할 줄 모르는 남자라면 자신의 합리화를 위해 여자를 나쁜 사람으로 몰아 오히려 여자에게 더 큰 상처를 줄 수도 있다.

5. 남자가 경제적으로 의존하게 만들지 말라

경제력이 있는 여자를 만나겠다는 목표를 가지고 작업을 거는 경우도 의외로 많다. 여자의 경제력을 믿고 돈을 쓰는 남자들은 습관으로 자리 잡아 당연하다고 생각하기도 한다. 헤어졌을 때는 여자의 마음뿐만 아니라 돈에도 심한 출혈을 남긴다는 것을 잊지 말자. 자선 사업가 정신이 있다면 남자를 위해 베풀라. 그렇지 않다면 여자를 믿고 돈을 펑펑 써대는 남자로 만드는 것이 여자의 문제일 수도 있다는 것을 알라.

4단계

결혼하기 좋은 내 남자 만들기

01
흔남을 훈남으로 만드는
그녀의 센스

연애의 힘은
실제로 연애를 경험하지 못하면 알 수 없다.
_프레보 Prévost, Jean

 자신은 때 빼고 광내며 치장에 열을 올리면서, 남편과 아이들은 초라하게 보이든 말든 신경 안 쓰는 여자들이 간혹 있다. 이런 가족을 볼 때면 여자가 아름답게 보이기보다는 자신만 생각하는 이기적인 모습이 조금은 추해 보이기도 한다. 아이와 남편을 깨끗하고 예쁘게 입혀주고 자신은 조금 덜 신경 쓴 듯한 모습은 여자가 초라해 보이기보다는 내조를 잘하고 가정에 신경 쓰는 여자라는 인상을 주기도 한다.

K라는 남자는 주로 여자 고객들을 상대하는 가게를 하고 있다. 그는 한철에 옷이 한 벌밖에 없는지 늘 같은 옷을 입고, 어느 날은 구멍 난 양말까지 신고 있어 홀아비인가 하는 생각이 들 정도였다. 아내가 있다는 것을 알았을 때 아내가 외모 관리에는 전혀 무관심한 여자일 것이라고 생각했다.

그런데 알고 보니 아내는 보톡스 시술부터 외모 가꾸는 것에 열중인 여자였다. 직업상 여자들을 많이 상대하는 남편이 여자들에게 인기가 많을까 봐 그랬나 하는 생각을 했지만, 그래도 남편이 깔끔하게 가꾸어야 손님들도 많이 오고 돈을 더 버는 게 아닐까 하는 말들을 하며 K가 안쓰러워 보이기까지 했다.

내조를 떠나 생활을 책임지기 위해 일을 하는 남자가 못나 보이면 손님도 끊길 수 있다는 사실을 모르는 건지 알면서 모른 척하는 건지 같은 여자들도 이해하기 어렵다고 입을 모았다. 부부 사이 일은 둘만이 아는 것이니 속 깊은 이유야 알 수가 없었다.

남편이 기가 살아야 일도 잘되고 가정도 편해지는 것인데, 남편 기를 죽이기 위해 혈안이 된 듯한 아내들도 심심치 않게 보게 된다.

스스로 자신을 가꾸는 남자라면 아내가 무관심하고 챙겨주지 않아도 깔끔하게 관리를 하고 다니지만 보통 남자들은 그렇지 않다. 여자가 가꾸어주지 않으면 통 외모 관리에 관심이 없는 남자들이 더 많다. 남녀를 떠나 초라해 보이는 모습으로 밖에 나가면 누가 뭐라 하지 않아도 스스로 위축감이 들게 마련이다. 사회생활을 하는 남자는 외모 관리를 잘하면 자신감도 덩달아 커진다.

남편이 미운 짓을 많이 해 절대 예뻐할 수 없다 하더라도 같이 산다면 남자의 기를 살려주라. 그것이 함께 있는 내 이미지를 높이는 방법이다.

멋지고 깔끔하게 스타일을 꾸민 남자를 보면 아내가 감각이 있을 거라 생각하는데, 아내 자신도 잘 가꾸는 여자가 있는가 하면 남편은 잘 가꾸어주면서 자신은 전혀 가꾸지 않는 유형도 있다. 커플동반 모임에 갈 때도 남자들은 자신의 아내가 제일 예쁘고 세련되어 주변 남자들로부터 칭찬을 들으면 어깨가 으쓱해진다. 남자 스스로 잘 가꾸는 유형이라도 주변에서는 아내가 내조를 잘하는 여자라고 생각하게 된다. 남편이 너무 미워 해주고 싶지 않다는 생각이 굳어 있더라도 부부로 살고 있다면 남편의 기를 살려주는 여자가 되라. 그것은 결국 자신의 모습을 타인에게 보여주는 간접 거울이라는 것을 알아야 한다.

사람이면 누구나 지갑이 비어 있거나 옷이 허름해 보일 때 풀이 죽게 되고 자신감도 떨어지게 된다. 비싼 브랜드는 아니더라도 깔끔하고 시대 감각에 뒤떨어져 보이지 않도록 남편의 외모 및 패션을 관리해주고, 남편에게 타박만 하지 말고 "역시 내 남편"이라며 엉덩이도 토닥거려주자. "왜 이래" 하면서 싫은 척 하지만 어깨에 힘이 들어가게 되어 남편의 기는 올라간다.

집에서 대우 못 받는 남자는 밖에 나가도 풀이 죽게 마련이다. 내 남자가 못나기를 바라는 여자는 없을 것이다. 남자의 어깨에 힘이 들어가고 기가 살도록 좋은 말을 해주고 힘을 북돋아주도록 하라.

자신감에 차 있는 남자를 보면 그 남자가 잘나 보이는 것보다 그 뒤에 숨어 있는 아내의 내조가 더욱 빛나 보인다. 또한 남편 주변 사람들과 만날 때는 자신도 가장 돋보이고 빛나게 꾸미고 나가라. 남자들은 자신의 여자가 돋보일 때 또한 어깨가 으쓱해지게 된다.

아내가 자신을 위해 노력하는 모습을 보면 남편도 아내에게 고마움을 느끼게 되고 남편으로서 더 잘하려는 마음을 갖게 될 것이다. 남편의 기를 살려주면 부메랑처럼 아내의 행복으로 돌아오게 된다는 것도 잊지 말자.

02
전투에서 져주고
전쟁에서 이기기

우리는 오로지 사랑을 함으로써
사랑을 배울 수 있다
_아이리스 머독 Iris Murdoch

자신의 고집, 아집이 스스로 불행을 자초하기도 한다.
"지는 게 이기는 거다"라는 말이 있지만 둘 다 고집이 세다면 '져주는 것은 결국 내가 지게 되는 것이다'라는 생각을 버리지 못한다.
부부싸움도 마찬가지다. 한번 져주면 늘 끌려가듯 살아야 한다는 생각에 첫 번째 부부싸움에서부터 한 치의 양보도 없이 팽팽한 신경전을 벌이며 상대의 사과나 고개 숙이는 것을 보려 한다.

결혼 초부터 자신의 의도대로 해나가야 결혼생활이 편하다는 철학을 가진 사람들은 작은 것이라도 지지 않기 위해 팽팽한 줄다리기를 하려 든다. 시댁과 친정에 대한 차별부터 경제권, 주도권 등 작은 것부터 상대를 제압해야 편한 결혼생활을 유지할 수 있다는 생각에, 서로 한 치의 양보도 하지 않아 조율보다는 싸움으로 이어져 서로가 '잘못된 만남'이라는 결론을 쉽게 내려버리기도 한다.

인연과 악연은 운명이 아니라 사람이 만들어내는 것이다. 아무리 좋은 궁합도 자신의 아집이나 철학에 따라 상대와 서로 원수가 되기도 하고 나쁜 궁합이라는 말을 들었어도 서로가 상대를 배려해주며 한 발짝 물러서면 천생연분이라는 말을 듣게 되기도 한다.

시대적 흐름이 중요한 게 아니라 둘 사이의 성향에 따라 관계는 달라진다. 어떤 환경에서 살았느냐에 따라 바뀌지 않는 모습들이 있다. 오랜 시간 다른 환경에서 산 사람들끼리 짧은 시간에 상대의 살아온 문화를 이해하며 조율해나가는 것은 쉽지 않다.

자신의 입장만 상대에게 밀어붙이려 한다면 같은 문화를 만들어가기는커녕 불협화음을 일으켜 심하게는 냉전까지 가게 된다.

흔히 신혼 초에 평생 싸울 부부싸움을 다 한다고 한다. 그만큼 신혼 초에 갈등이 많이 일어나는데, 알고 보면 서로 신경전을 벌이는 것은 그리 큰 문제들도 아니다.

경제권, 친정이나 시댁 가는 횟수, 아침밥을 먹느냐 마느냐, 남편 친구들을 밤에 불러 술자리를 준비해주느냐 마느냐, 가사 분담 정도, 어떤 음식을 하느냐 등 사소한 것들이지만 둘 사이에는 큰 신경전이 되는 것이다.

싸우는 이유는 결국 서로에게 희생을 강요하기 때문이다. 자신은 조금도 희생하지 않으려 하고 상대에게만 몰아붙이며 맞춰달라고 하는 것이 신경전의 가장 큰 원인이 된다.

신혼 여행길에서 돌아올 때 각자 떨어져 나오는 커플들도 많다니 신혼 여행 때부터 자신의 스타일로 상대를 만들어가려고 티격태격하기 시작한다는 것이다.

무조건 상대에게 강요하면 승산 없는 싸움만 계속될 뿐이다. 남자들에게는 나이를 먹어도 아이 같은 모습들이 있다. 신경질적으로 대응하려 하지 말고 달래도록 하라.

예를 들면 "아침은 빵으로 간단히 먹는 게 좋겠지만 평생 밥을 먹고 살았다니 밥을 차려보겠다. 대신 일주일에 한 번은 빵으로 하자", "친구들과 집에서 술자리를 하고 싶다니 해주 겠지만 1시간 전에는 연락을 해주어야 하고, 내가 많이 피곤 하고 힘든 날은 거절해도 화를 내지 말아 달라" 등 애교를 섞 어 말한다면 남자 입장에서도 무리 없이 이해할 수 있게 된다. 남자들은 모성애에 넘어가는 것이다.

"곰 같은 마누라보다 여우 같은 마누라가 낫다"는 말도 있듯 이 자신의 성질대로 밀고 나가면 역효과를 볼 수 있다. 여우 같 은 여자들은 남자의 비위를 맞추어주면서 하나씩 자신의 의도 대로 남자를 따라오게 만든다. 싸움 없이 남자가 여자 하자는 대로 끌려오게 만드는 것이 남편을 다루는 현명한 방법이다.

남자가 잘못을 했어도 인정하려 들지 않을 때는 덮어두도록 하라. 속으로는 미안한 마음이 있어 잘하려고 할 것이다. 잘하 려고 하는 모습을 보면서 "캥기는 것이 있으니까"라며 싸움을 거는 말을 하지 않도록 하라. 모른 척, 알려고 하지 않는 척하 는 것이 싸우지 않고 이기는 방법이다.

상황에 따라 한 발짝 물러서는 모습은 지는 것이 아닌 긴 세 월을 싸우지 않고 내 스타일로 만들어가기 위한 전략이라고 생각하라. 결국 승리자가 될 것이다.

03

때로는 한 발짝
물러서는 말과 행동

연애는 그 수가 많은 적든 간에
인간을 현명하게 만든다.
　_브라우닝 Robert Browning

　내가 선택한 남자의 단점을 너무 늘어놓는 것은 자신의 얼굴에 침 뱉는 것과 같다. 친구들끼리 모여 남자 친구, 남편, 더 나아가 예비 시월드의 흉을 보다 보면 공감대가 형성되고 시간 가는 줄 모르며 스트레스가 풀리기도 한다.
　서로 남편, 시월드 흉을 보는데 혼자만 "난 너무 기대 이상이라 흉 볼 것이 없어. 시어머니는 친정 어머니보다 낫고, 남편은 기대 이상이고"라고 말하는 친구가 있다면 분위기는 찬물을 끼얹은 듯이 '샤~~'해지지 않을 수 없다. 정말 흉 볼 것이 없어 그럴 수도 있지만 자존심이 강하고 남들에게 부족한 것이 없어 보여야 한다는 철학을 가진 여자들이 간혹 있다.

남편이나 시월드에 대한 스트레스나 고민도 자존심 상하는 일이라 생각하며 혼자 풀려고 애쓰는 여자들이 있다는 것이다. 실제로 이런 여자 중에는 친구들이 말하는 것보다 더 심한 경우를 당해 차마 입에 올리기 힘들 정도인 경우도 있고, 자존심이 강해 혼자 삭히는 경우도 있다. 물론 정말 부족함 없이 만족감을 느껴 그런 경우도 있을 것이다.

백퍼센트 만족한 결혼생활이나 연애가 있겠는가. 몇십 년을 다른 문화에서 살아온 사람들끼리 조율하면서 만남이나 생활을 이어가다 보면 이해 불가인 경우가 생길 수밖에 없다. 비단 여자만 그런 것은 아니다. 남자들도 같은 것을 느끼고 고민하기도 한다. 이런 것들을 남에게 이야기한다고 해서 풀리겠느냐며 혼자 고민하고 삭히는 여자들도 있다.

또한 여자들은 남자들에 비해 연애할 때도 친구들의 남자와 자신의 남자를 비교하는 일이 잦다. "○○남자 친구는 특별한 날을 기억해두었다 이벤트를 해 감동을 주는데……", "○○남자 친구는 벌써부터 여자 친구 가족들을 잘 챙기는데……" 하면서 남자 친구를 교육시켜야 된다는 사명감에 바가지를 긁으며 세뇌를 시키기도 한다.

　결혼 후 더 심해지는 경우가 여자들에게 많이 나타난다. ○○남편은, ○○시댁은 하면서 남편에게 직접적으로 말을 하며 자존심을 건드려 대화의 단절을 만들어내기도 한다. 누구나 자신의 단점을 듣는 것을 좋아하지 않는다. 자신의 장점을 칭찬 받기 좋아하는 것은 사람이라면 같은 마음일 것이다.

　남편에게 직접 남편이나 시월드에 대해 흉을 본다면, 그것은 자신에게 부메랑이 되어 돌아와 불행의 씨앗이 될 수 있다는 것을 생각해보아야 한다. 남편이 "결혼하고 나니 아내의 이런 모습이 너무 싫다", "처월드의 이런 모습들은 아니다"라고 말한다면 이해하고 바꾸려 노력할 것인가. 서로의 단점을 들추어내는 싸움은 서로가 알몸으로 되어버리는 기분을 같이 느끼게 해줄 뿐이다.

　사람이나 물건에서 백퍼센트 만족을 느낄 수는 없다. 하지만 불만족스러운 부분을 자신의 마음가짐으로 채울 수는 있다. 불만족스러운 부분이 보인다고 비싼 물건과 사람을 수시로 바꿀 수는 없지 않은가.

　자신이 만족스럽게 생각하고 용도를 바꾼다면 불만족도 채워질 수 있다. 흉보는 것도 습관처럼 자리 잡을 수 있다는 것을 알아야 한다. 흉 볼거리를 찾아내야 직성이 풀리는 사람이 아니라면 내가 선택한 남자의 흉 볼거리를 칭찬거리로 바꾸어 가는 것이 행복한 결혼생활을 유지해나가는 비결이라는 것 또한 알아야 한다.

스스로가 믿음과 확신을 가지고 선택한 남자의 좋은 점보다는 나쁜 점만 들추어내 흉을 보는 것은 자신의 얼굴에 침 뱉는 격이 되고 만다는 사실도 생각해보아야 한다.

좋은 점을 들추어내 칭찬해주면 기분이 좋아진 남자는 스스로 알아서 여자의 불만거리를 줄여주는 모습을 보여줄 수도 있다.

험담해봐야 자신의 가족이 된 사람이라면 자신도 같은 부류의 사람으로 남는다는 것도 생각해보아야 하지 않을까. 남자도 여자에 대한 불만이 쌓여 있을 수 있다는 것도 헤아려보자.

내 남자를 험담하는 것은 다른 사람들에게 자신의 남자, 남편감이 몹쓸 사람이라고 스스로 공표하는 격이 된다. 심각한 것이 아닌데도 자신의 입장에서 이해가 안 되면 습관처럼 남 탓을 하거나 흉을 보는 사람이 있다. 내 말 한마디에 내 남자의 기가 살 수도 있고 죽을 수도 있다는 것을 잊지 말도록 하자.

"남자는 여자 하기 나름"이란 말처럼 흉을 칭찬으로 바꾸는 현명한 여자가 되어보자. 남자를 위해서가 아닌 자신을 위해서 말이다.

　결혼 후 자신이 남편의 단점을 보듯이 남편도 결혼 전과는 다르게 아내의 단점을 보며 불만스러울 수 있다는 생각도 해보아야 한다. 남편의 좋은 점은 보려 하지 않고 연애 때와는 다른 모습들만 들추어내 흉을 보고 불평을 해보았자 자신만 힘들게 된다.

　좋은 남편 뒤에는 좋은, 현명한 아내가 있다는 것을 알아야 한다. 칭찬은 자신의 마음과 가정의 평온을 가져다줄 것이다.

04
지금은
철이 필요한 시간

사랑받고 싶다면 사랑하라.
그리고 사랑스럽게 행동하라
_벤자민 프랭클린Benjamin Franklin

만족이라는 단어를 도통 모르는지 늘 투정을 부리거나 불평만을 늘어놓는 여자들이 있다. 특히 막내거나 외동딸로 곱게 자란 여자들 중에 상대를 포용하는 방법을 모르고 자신이 원하는 대로 해야 직성이 풀리는 성격들이 간혹 있다.

남편이 월급쟁이인 것을 알고 결혼했으면서 사업하는 친구 남편과 비교하며, 누구 남편은 명품백을 선물해주었다, 생일

파티를 호텔 뷔페에서 멋있게 해주었다, 누구 시아버지는 아이를 낳으니 축하금으로 두툼한 봉투를 주었다는 등 남편이나 시댁의 사정을 알면서도 바가지를 긁듯이 남편을 닦달하는 여자가 있다. 그렇다고 상황이 달라지지 않는데도 말이다.

형제자매 많은 집안의 막내인 경우 혹은 늦둥이로 자랐거나 자식이 귀한 집의 외동딸로 자란 경우는 집안이 넉넉하지 않아도 딸이 원하는 것은 다 해주며 금이야 옥이야 키우게 된다. 이렇게 자란 여자들은 자신밖에는 모르는 이기적인 면을 가지게 되고, 사회생활에 적응을 못해 관계를 오래 지속해나가지 못하기도 한다. 그러다 안정된 노후를 위해 보험을 드는 것처럼 안정된 생활을 위해 결혼이나 해야겠다는 생각으로 결혼을 하는 여자들이 있다.

그런데 평생 안정된 보험금이 보장되면 좋은데 살다 보니 보험이 깨지듯 생활이 어려워지는 경우가 생기기도 한다. 친정이 잘살아 결혼 후에도 자신이 하고 싶은 것을 할 수 있게 지원을 해주면 좋겠지만, 결혼했으니 이제는 남편에 맞추어 살라고 한다면 신세한탄과 남편 원망을 늘어놓으며 한숨만 짓게 된다. 자신의 인생이 너무도 비참하고 불쌍하다면서 말이다.

옛말에 결혼 후 남자가 상투를 틀면 어른이 된다는 말처럼 여자도 머리를 올리고 한층 더 어른이 되어 남자와 더불어 한 가정을 이끌어가는 주역이 되는 것이다.

반찬투정, 돈투정은 나이가 들면 부모도 받아주기 어려운 법인데 전혀 다른 분위기의 가정에서 자란 남자가 모두 이해해주며 받아주기는 어렵다. 여자의 집안이나 스펙 때문에 눈치를 보는 경우가 아니라면 말이다.

입장을 바꿔서 남자가 어린아이처럼 매사에 이것저것 투정하며 응석을 부리면 여자 입장에서도 마냥 귀엽게 볼 수 있을까. 콩깍지가 씌어 있을 때까지는 예뻐 보이겠지만, 시간이 흐르면서 권태기도 겪고 콩깍지가 벗겨지기 시작하면 그런 투정과 응석들이 상대의 문제점으로 나타나 보이기 시작한다.

남자의 철없는 모습을 마냥 포용하기 힘들 듯 남자도 철없는 여자의 모습을 무조건 다 포용하기는 힘들다. 물론 아이 하나 키우듯 여자를 애지중지하며 비위를 맞추는 남자도 간혹 있다.

스펙이 좋아서도 아닌데 진짜 자기 여자를 사랑하나 보다 하는 생각이 들 정도로 한결같이 잘하는 남자도 간혹 있다. 철없는 여자에게는 이런 남자가 천생연분이다. 하지만 안타깝게도 이런 남자들은 극히 소수다.

집에서 통했던 어리광 부리는 모습은 하나씩 버리도록 하라. 상대 남자와 나이차가 많이 나 어리광을 받아주며 연애를 했어도 결혼은 하루 이틀로 끝나는 관계가 아니라 평생 함께 가는 것이고, 남자도 부모가 아닌 이상 지쳐갈 수 있다는 생각을 해봐야 한다.

버릇 같은 투정들도 하나씩 버려야 하고, 문제가 생겼을 때 울며불며 투정을 부린다고 해결되는 것이 아니라는 것도 알아야 한다.

철없는 투정들은 갈등과 불행을 불러온다. 성인이 된 만큼 어른스럽고 현명하게 대처해나가는 모습을 보여줘야 한다. 처음에는 벅차고 힘든 것들도 여러 번의 시행착오를 거치며 서로 해결책을 찾아나가다 보면, 그 모든 경험들이 자신을 새롭게 변화시킨 것들이었다는 새로운 사실에 스스로 대견함을 느끼게 될 것이다.

특히 결혼을 앞두고 있는 상황이라면 예비 남편과의 문제, 예비 시댁에 대한 불만을 미주알고주알 자신의 식구에게 전하지 않도록 주의해야 한다. 그래봐야 예비 처가와 남자의 관계만 서먹하게 만들 뿐이다.

조선시대에 남자는 결혼을 하면 상투를 올리고 여자는 쪽을 지어 비녀를 꽂아 어른이 되었다는 표시를 하였다. 물론 결혼했다고 하루아침에 어른스러운 모습으로 변신하기는 어렵다. 곱게 어리광을 부리며 살아온 여자에게는 더더욱 말이다.

하지만 한 가정을 지키고 꾸려나가야 하는 것을 생각하며 언행과 생각을 바꾸어나가도록 노력해야 한다. 그러기 위해서는 결혼 전부터 미리 연습해야 한다. 아무리 남자가 어른스럽다 해도 매순간 불만을 터트리는 모습을 눈감아주며 인내하기란 쉽지 않다는 것을 알아야 한다. 반대의 입장이라면 어떨까 생각해보라.

결혼은 둘만 함께 사는 것이 아니라 서로 다른 환경인 두 집안의 결합이다. 설사 남자가 인내를 가지고 투정을 받아준다 하더라도 주변 사람들까지 모두 관대하게 바라보지는 않을 것이라는 점도 인정해야 한다. 주변 사람들로부터 좋지 않은 인상을 남긴 여자는 혹시라도 남녀 두 사람 사이에 갈등이 생길 때, 지인들로부터 도움을 받을 수 있는 방법이 없다.

가정은 서로가 책임과 인내와 배려가 필요하다는 것을 잊지 않고 지켜나가야지만 사사로운 갈등이 닥쳐와도 심각한 상황으로 이어지지 않고 지혜롭게 이겨낼 수 있다.

현실 감각을 갖도록 노력해야 결혼, 인생의 실패를 피해갈 수 있다는 것을 알아야 한다. 부모에게도 응석은 학교 다닐 때까지만이다. 자신의 앞가림을 할 나이의 응석은 귀여움이 아닌 매를 들고 싶게 만든다는 사실을 잊지 말라.

05
돈 관리에 대한 대화, 골든타임은 언제인가

연애는 악마요, 불이요, 천국이요, 지옥이다.
그리고 쾌락과 고통, 슬픔과 회한이 모두 거기에 있다.
_반필드 Banfield

 옛날에는 자식을 결혼시킨 후에도 며느리가 그 집안 사람이 되었다고 인정될 때 며느리에게 곡식창고 열쇠를 주었다. 열쇠를 주는 것은 그 집안 사람으로 역할을 잘할 수 있다고 인정해주는 의미였다.
 요즘은 분가해서 사는 경우가 많아 결혼 후 경제적 주도권을 잡기 위해 남녀가 기 싸움을 하곤 한다. 경제적 주도권을 잡는 것이 자존심 싸움이 되기도 한다. 돈 관리하는 것을 머리 아파하며 상대가 하는 것이 속편하다고 생각하는 여자들은 극소수일 것이다.

맞벌이 부부 중에는 서로가 얼마씩 돈을 내 가정을 꾸려가고 자신이 번 돈은 스스로 관리한다는 쿨한 부부도 있지만, 이는 여자가 더 많이 벌어 자신의 주머니 관리를 하겠다는 경우다. 그렇지 않을 때는 맞벌이를 해도 가정 경제를 꾸려가는 여자가 돈 관리를 해야 한다고 요구하는 경우가 많다. 그런데 남편이 자신이 번 돈은 자신만을 위해 쓰거나 돈주머니를 차고 있어야 한다고 고집하는 경우라면 신혼 초부터 실랑이를 벌이며 기 싸움을 하게 된다.

이렇게 부부간에 서로 경제권을 가지고 싸우는 경우는 티격태격해도 서로 조율해나가며 살 수 있다.

그런데 결혼 준비 단계부터 시댁에서 경제적 지원을 받으며 사는 경우는 시부모의 경제적 관리를 받기도 한다. 아들과 며느리에게 경제적 지원을 해준 만큼 돈주머니 관리를 시댁에서 참견하거나 체크하는 집이 있다고 한다.

결혼 전에는 이런 사실들을 알아내기 쉽지 않을 수 있다. 그렇기 때문에 결혼 이야기가 나오면 남자와 속을 터놓고 경제권에 대한 이야기를 짚고 넘어갈 필요가 있다. 결혼 후 '이럴

결혼하기 좋은 내 남자 만들기

줄 몰랐다'며 후회하게 된다면 갈등의 골만 깊어질 뿐이다.

치사한 것이 돈 이야기라고 하지만 가족이 되기 위해서는 경제 관련 이야기는 꼭 짚고 넘어가야 한다. 남자의 부모님이 능력이 있어 남자에게 지원해주는 것같이 보인다면, 결혼 후에 부모님에게 어떤 선까지 간섭을 받을 것인가를 미리 확인하고 상황정리를 해야 한다는 것이다.

물론 예비 시부모님이 재테크에 능해 돈을 더 불리는 방법을 알기 때문에 재산을 확실히 관리해준다는 강한 믿음이 있다면 맡기는 것도 좋은 방법이기는 하다.

그렇지만 그런 경우도 아니고 경제적 지원을 해주니 아들의 월급 통장을 관리하겠다고 고집을 피우는 시부모를 남자가 설득하지 못한다면 서로가 타협점을 찾기 어려워져 갈등의 골이 깊어질 수밖에 없다.

남녀 모두 경제권이 자존심이라는 철학을 갖고 있다면, 결혼 후 신혼의 단꿈에 젖어 있어야 할 시기에 신경전으로 서로기가 빠지게 하지 말고 결혼 전에 서로 조율과 약속을 해두어야 한다. 구두로 약속하기보다는 서로가 예민하게 반응할 사항인 돈에 대한 것은 서면으로 남기는 것이 좋다.

연애 시절에는 긍정 모드였던 남편이 결혼 후 부정 모드로 나오면서 결혼 전 했던 약속을 뒤집는다면 둘 사이에 벌어질 일들은 말 안 해도 뻔하다. 그렇기 때문에 결혼 전에 미리 서면으로 남겨두는 것이 좋다.

월급 외 수당이 나오는 직업의 남자라면 월급 통장을 넘겨받은 것만으로도 경제적 주도권을 잡았다고 인정해주라. 돈 문제로 티격태격하다 얻어낸 경제 주도권이라면 남편의 뒷주머니 정도는 인정해주어야 그나마 받은 월급 통장의 주인이 될 수 있다. 모두 다 가지려 했다가는 그나마 월급 통장도 손에 못 넣게 될 수 있다.

남자의 직업상 월급 외 수당이 더 많이 나오는데 여자가 돈 주머니를 차기 위해 혈안이 된 듯한 모습을 보이면 남자는 여자 모르는 돈을 더 만들려 할 것이다.

결혼 전부터 돈 관리를 잘하는 여자라는 인상을 주면 경제 주도권을 넘겨받는 데 도움이 될 것이다. 가계부를 보여주는 것도 하나의 방법이다. 남자들 중에는 여자들이 쓸데없는 곳에 돈을 지출하지 않을까 적지 않은 의심을 하는 경우도 있다. 돈 관리 명세를 남자에게 알려주는 것은 서로가 오픈하며 살자는 암시가 될 수 있다. 여자 자신은 덮어두면서 남자만 캐려 하면 그도 비밀 주머니를 만들어야겠다는 생각을 강하게 할 수 있다.

돈에 민감한 남자라면 돈의 내역을 설명해주거나 스스로 볼 수 있게 오픈시켜 놓도록 하라. 여자가 재정 관리를 잘한다는 믿음이 생기면 돈주머니를 차려고 했던 남자의 마음도 바뀌게 될지 모른다.

  돈으로 인해 싸우는 것이 가장 치사하고 자존심 상하는 일이기에 자신의 의도대로 경제 주도권이 움직이도록 만들어가는 것이 현명한 대처법이다.

  경제권은 자존심 싸움이고 많은 사람들이 경제권을 쥐어야 상대를 잡게 된다고 생각한다. 상대의 경제 생활이 어떤지 알고 싶다면 요구만 하지 말고 먼저 자신의 생활부터 보여주자. 서운해하며 감정만 드러낸다면 월급 통장은 더 멀리 가버릴 수 있지만, 믿음을 준다면 경제권은 자연스럽게 자신의 손 안에 들어올 것이다.

  경제권 때문에 깨소금을 볶아야 할 신혼 초부터 아웅다웅 싸우지 말고 결혼 전 서로 경제권에 대한 사항을 짚고 넘어가는 것이 좋다.

06

결혼 계약서,
우리도 연예인들처럼

연애는 마치 전쟁과 같은 것이다.
시작하기는 쉬워도 끝내기는 무척 힘들다.
_멩켄 Henry Louis Mencken

"저는 ○○○ 양(또는 ○○○ 군)을 아내(또는 남편)로 맞아 어떠한 경우라도 항시 사랑하고 존중하며 어른을 공경하고 진실한 남편(또는 아내)으로서의 도리를 다하여 행복한 가정을 이룰 것을 맹세합니다" 또는 "신랑 ○○○는 신부 ○○○를 신부로 맞아 평생 아내로 동반자로 죽을 때까지 사랑하며 살겠습니까?" "신랑 ○○○ 와 신부 ○○○는 오늘 이 자리에 오신 친

결혼하기 좋은 내 남자 만들기

지, 친구, 부모님 보는 앞에서 평생 부부로 살 것을 서약합니까?"라는 결혼 서약서가 일반적인 내용이다. 주례의 혼인 서약서에 대해 신랑, 신부는 큰 소리로 명쾌하게 답을 한다. 요즘은 주례 없이 자연스럽게 결혼을 진행하며 서로의 약속을 읽기도 한다고 한다.

그런데 결혼 후 혼인 서약서를 다시 보며 되새기는 부부들은 거의 없다. 결혼 서약서는 케이스에 넣어 보물 다루듯이 장롱 깊숙이 넣어두고, 결혼과 동시에 큰 소리로 박력 있게 대답한 내용에 대해 까마귀 고기를 먹은 듯 잊어버리는 것이 대부분의 부부들이다.

결혼 서약서를 액자에 넣어 걸어두거나 장식장에 넣어두고 싸울 때마다 보며 다시 되새기는 부부들이 몇 퍼센트나 될까? 부부가 갈등으로 서로 싸울 때 그 서약서를 본다고 마음을 다스릴 수 있을까?

드라마에서는 혼인신고서 양식을 액자에 담아 걸어두어 부부로서 첫 출발할 때의 설레임과 행복을 되새겨보려 하는 장면을 보여주지만 그건 드라마일 뿐이다.

대부분의 사람들은 결혼 서약에 대해 결혼식 진행을 위해 으레 하는 의식 중의 하나라고 생각하지, 결혼생활 중 서로 갈등을 빚을 때 다시 한 번 보면서 자신이 먼저 잘해야지 하고 다짐하게 만드는 약속은 아니라고 생각하는 듯하다.

　서로가 자신은 잘 지켜나가며 살지만 상대가 문제라고 몰기에 아무것도 아닌 것으로 자존심 싸움을 하다 결국은 파경으로 치닫기도 한다.

　연애할 때와는 다르게 서로 다른 환경에서 몇십 년을 살아온 남녀가 매일 보며 사는 것이 쉬운 일은 아니다. 피가 섞인 가족 간에도 서로 갈등을 빚으면 남보다 못한 원수가 되기도 한다. 하물며 피도 안 섞인 데다 살아온 환경이 다르고 가치관 또한 다른 남녀 사이에 갈등의 골이 깊어지면 그 끝은 어떨지 충분히 짐작할 수 있을 것이다. 당연히 서로 소통과 조율은 강 건너 가게 되고 만다. 아주 사소한 것부터 갈등을 빚어내다 자존심 싸움으로 번져 닭이 먼저인지 달걀이 먼저인지를 따져도 답이 나오지 않는 것이 부부싸움이다. 한쪽이 지는 척이라도 하지 않는다면 말이다.

　싸워도 매일 얼굴을 봐야 하기에 싸움이 종료되기보다는 다른 갈등이 동반되기 쉽다. 그러다 보면 서로 원수가 되어 남보다 더 못한 존재가 되어버리기도 한다. 오죽하면 "옆집 아저씨와 대화가 더 잘된다"는 말이 나올까.

　이와 같은 상황들을 만들지 않으려면 결혼식 날을 잡고 부푼 가슴으로 서로 함께 살 날을 손꼽아 기다리며 행복감에 젖

어 있을 때 서로에게 꼭 지킬 약속들을 계약서 형식으로 만들라. 서로가 지키지 않으면 어찌 된다 하는 사항까지 넣어서 말이다. 약속도 구두로 하면 깨지기 쉽고 말을 바꿀 수가 있다. 하지만 문서로 남기면 서로가 발뺌할 수 없게 만드는 규율이 된다.

상대가 꼭 지켜주었으면 하는 것부터 서로의 행복에 금이 가지 않도록 해야 할 것들에 대해 문서화하고 지장 날인까지 찍으라. 나이 드신 분들이 들으면 너무 정이 없는 행동이라고 말할 수도 있지만, 이혼율이 상승하고 있는 요즘 같은 시대에는 서로의 권리를 주장하기 위해 꼭 필요한 양식이라고 할 수 있다.

업무상 계약서처럼 공증을 받거나 원칙적인 폼이 있는 것은 아니다. 둘만이 알아볼 수 있게 서로에게 원하는 사항을 적어 사인을 하고 상대가 간직하도록 하면 된다. 예를 들면 부부 싸움을 해도 친정에 가지 않고 싸워도 한 이불에서 잔다, 가사 분담은 어떻게 한다, 술 마시고 늦어도 몇 시까지는 들어오고 몇 번의 연락을 주도록 한다(여자의 성격에 따라 한 번 연락을 주어도 괜찮다고 하는 경우도 있겠지만 젊은 나이일수록 1시간에 한 번이라든지 자주 연락하기를 원할 것이다), 서로의 부모에게 일주일에 한 번은 연락을 드린다(특히 남자들이 처가에 전화하는 경우가 드물기 때문에 남자의 약속사항에 넣는 것이 좋다) 등 자신이 상대에게 이런 것만은 해주었으면 좋겠다는 사항들을 적어 약속을 받아내는 것이다.

결혼 전에는 달콤하게 말하며 모든 약속을 지킬 듯하다가 결혼하니 하나도 안 지킨다고 원망해보았자 바뀌지 않는 것이 사람의 근성이다. 화장실 들어갈 때와 나올 때는 다른 것이다.

결혼 서약서를 읽고 사인하는 모습도 인증샷을 찍어놓는다면 더 재미있고 멋진 계약서가 되지 않을까. 행복해하던 두 사람의 표정까지 넣어서 말이다. 남자도 살아가다 보면 여자에게 실망하거나 원망하게 될 수도 있다. 가장 좋은 감정일 때 서로에 대한 약속을 계약서 식으로 문서화해 지장 날인까지 찍어 잘 간직해두면, 상대만을 원망하며 갈등의 골을 깊게 만들지는 않을 것이다.

사인한 종이 계약서는 각자 간직하더라도 요즘은 스마트폰 카메라 성능이 좋으니 사진으로 찍어 자신의 핸드폰에 확실히 저장시켜 놓는다면 수시로 볼 수 있어 잊어버릴 염려는 더욱 없게 된다. 결혼 계약서가 지켜지지 않았을 때 상대에게 문자나 카톡으로 보내주며 암시를 준다면 싸움보다는 웃음으로 넘어가는 지혜로운 결혼생활을 만들어갈 수 있을 것이다.

07
엄마가 사랑하는
젊은 남자, 사위?

사랑과 증오는 전적으로 같은 것이다.
다만 전자는 적극적이며 후자는 소극적인 것에 불과하다.
_한스 그로스Hans Gross

결혼 후 한두 달이 지나면서 시댁과 친정 가는 횟수와 부모님께 드리는 용돈이나 양쪽 집에 뭔가 사드리는 금액으로 가장 많이 다투게 된다. 여자가 시집을 간다는 말이 아직도 남아 있는 문화이기에 며느리는 시댁을 일주일에 한 번은 찾아뵙고 시댁 식구들과 친해지며 가정 문화를 익히려 한다.
 신혼 때에야 여자들도 시댁 방문을 으레 해야 하는 것으로 생각하지만, 친정에 가는 것이 소홀하다는 느낌을 받으면 화가 날 수밖에 없다. 남자가 알아서 챙겨주면 좋겠지만 대부분의 남자들은 처가란 곳이 불편한 곳이라는 인식들을 가지고 있다. 오죽하면 "화장실과 처가는 멀어야 한다"는 말이 있을까.

아내가 시댁에 가는 일을 불편해한다는 것은 조금도 이해해 주지 않고 당연시하는 것에 여자는 화가 나 바가지를 긁게 되는 것이다. 만약 여자가 주도권을 잡고 있어 남자가 여자의 말을 잘 들어주고 양쪽 집안 모두에게 공평하다면 싸움으로 번지지는 않겠지만, 대부분의 남자들은 여자가 불만을 토로하면 한 귀로 흘려버리기에 싸움으로 번지게 된다.

결혼 후에 갈등을 줄이기 위해서는 결혼 전에 남자와 여자가 이 부분에 대해서 심도 있는 대화를 나눠야 한다. 남편은 아내가 시댁과 친해지고 가족 관계를 맺으려 시댁을 자주 찾아뵙고 자주 연락 드리는 것을 고맙게 생각하고, 자신도 처가 가족들과 친해지기 위해 자주 안부 전화도 드리고, 시댁 식구들과 주말을 보냈다면 다음에는 처가 식구들과 주말을 보내자고 미리 서로 합의가 되면 싸움이 되지 않는다. 만약 그 부분이 서로 합의가 되면 결혼 전 서로의 약속 사항을 적는 계약서에 처가에 대한 남자의 태도에 대해 명시해둘 필요가 있다.

또한 결혼 전부터 남자가 여자의 집 식구들과 친해지고 불편한 곳이 되지 않도록 길들여두는 것도 좋다. 결혼 이야기가 나오고 남자의 집에 자주 드나들게 되면, 그만큼 남자도 여자의 집에 자주 들러 자신의 식구들과도 가족 관계를 맺어가야 한다는 것을 상기시켜 주도록 하라. 이때부터 남자도 특별한 날이 아니어도 여자의 집에 자주 가 가족 관계를 맺어야 한다는 것을 인지시켜 놓아야 결혼 후 시댁과 친정에 가는 횟수로 갈등을 빚지 않을 수 있다.

그러기 위해서는 여자의 노력도 필요하다. 여자의 집에 온 남자가 불편해하지 않도록 여자가 신경을 써야 한다. 자신의 가족 앞에서 남자가 작아지지 않도록 배려하고 가족 구성원으로 존중받는다는 기분이 들게끔 하는 것이 결혼 후 남자가 처가라는 곳을 멀게 느끼지 않게 만드는 방법이다. 결혼 전부터 불편한 곳이라는 느낌을 받게 되면 처음엔 마지못해 가지만 결혼 후에는 거리감을 갖게 되어 찾아가는 횟수를 줄이려 할 것이다.

1. 선물을 준비 못한 남자를 윽박지르지 말라

남자를 자신의 집에 데려갈 때는 남자에게 센스 없이 작은 선물도 준비하지 못했다고 윽박지르지 말라. 그러면 돈을 생각하는 남자 입장에서는 결혼 후엔 자주 가지 말아야겠다는 생각을 굳히게 만들어버릴 수 있다. 여자가 미리 준비해놓고 자기 가족에게는 남자가 준비한 것처럼 하면 남자는 미안한 마음을 갖게 되고, 이후부터는 신경을 쓰게 된다. 자기 식구들에게 칭찬받는 남자를 만드는 것은 덤으로 얻는 효과다.

2. 남자가 여자 친구의 가족을 매우 아낀다는 인상을 가족들에게 주도록 하라

"오고 싶어 하지 않는 걸 데리고 왔어", "우리 식구들에게 거리감이 있나 봐" 등의 말로 남자가 자신의 집에 대해 갖고 있는 듯한 것들에 대해 앞서가는 생각을 표현하지 않도록 해야 한다. 이런 말들은 남자가 여자의 집에 더 반감을 사게 만들 뿐이다. "데이트하는데 굳이 우리 집에 가서 식구들과 같이 밥 먹고 싶다네", "맛있는 거 먹다가 엄마 드리고 싶다 해서 싸왔어" 등 남자가 자신의 식구들을 생각해준다는 듯한 언행을 한다면 식구들에게 남자의 점수가 올라가게 되고, 남자도 더 신경 써야겠다는 생각을 갖게 할 수 있다.

3. 남자 친구나 그의 부모님 흉을 보지 말도록 하라

남자와 의견다툼이 있거나 속상한 일이 생길 때마다 가족들 앞에서 눈물이 글썽해 매번 서운하게 하는 남자인 것처럼 이

결혼하기 좋은 내 남자 만들기

야기해버리면 안 된다. 그런 행동이 반복되면 남자는 여자의 집에 함께 가는 것이 불편해지고, 좌불안석하게 될 것이다. 예비 처가라는 곳을 불편하게 생각하지 않아야 결혼 후에도 자주 찾아가게 된다.

특히 남자의 부모님이나 그의 가족 흉은 절대로 봐서는 안 된다. 나쁜 이미지는 남자에게도 영향을 미칠 뿐만 아니라, 결혼하기 전부터 여자 가족이 남자 가족에 대해 안 좋은 편견을 가질 수 있다. 또한 내 가족 흉 보는 이야기를 여자 친구가 했다는 것을 남자가 알게 되면 그 이후엔 갈등의 원인이 될 수도 있다. 아무리 마음이 넓은 남자도, 자기 가족을 흉 보는 여자에겐 정이 떨어질 수밖에 없는 법이다.

4. 유난스럽게 우리집만 챙기려 하지 말라

자신은 양쪽 집을 차별하지 말라면서 남자 친구가 받아온 좋은 선물은 우리집에 가져간다고 떼를 쓰듯이 한다면, 내색하지 않는 남자도 자신의 집에 더 좋은 것을 가져가야 한다고 기 싸움을 벌이려 하게 된다. 남자 친구 집에 사간 것과 같은 것이다라는 것을 은근히 알려주도록 하라. 남자들은 여자들처럼 표현을 하지 않지만 서운한 마음을 깊이 담고 있을 수 있다. 그러다 싸울 때는 쌓아놓은 것들을 터트려버리기도 한다.

남자에게 바라는 것만큼 여자 역시 공평한 마음을 갖도록 애쓰는 자세가 꼭 필요하다.

5. 남자를 왕따가 되지 않도록 챙겨주라

만약 여자 집에 남자 형제가 없다면 남자는 외톨이처럼 불편함을 느낄 수 있다. 함께 어울리도록 분위기를 유도해주고 자신의 집처럼 편안함을 느끼게 해주라. "당신은 어울릴 줄을 몰라", "박 서방은 원래 저래요" 하면서 물위에 뜬 기름 취급을 하지 않도록 해야 한다. 남자는 무안함과 불편함에 처가는 멀리 해야 한다는 생각을 굳혀버릴 수 있다. 함께 공유할 수 있는 화젯거리나 남자가 아주 잘 아는 분야의 이야기로 이끌어 분위기를 리드할 수 있도록 하는 것도 좋은 방법이다. 어느 분야든 간에 잘 아는 분야에 대해서 이야기하는 모습은 그 사람을 빛나 보이게 하는 장점이 있고, 이야기하는 사람 입장에서도 무척 즐거운 자리가 된다.

여자가 처음 예비 시댁에 가면 매우 불편한 것처럼 남자도 예비 처가가 불편한 곳일 수 있다는 것을 생각해주라. 남자 친구가 여자의 집에 가는 것을 싫어한다고 투정만 하기 전에 먼저 집처럼 편안함을 느낄 수 있도록 만들어주는 것이 중요하다. 강요하고 투정만 하는 것은 서로 거리감만 만들 뿐이다. 현명하게 남자를 리드하는 방법을 강구하는 것이 좋다. 남자의 스타일을 고려해서 말이다.

결혼 전부터 친정에서 인정받는 남자, 친정과 친해지는 남자로 만들어간다면 결혼 후에도 남편이 친정에 소홀하다며 서운해하는 일을 줄일 수 있을 것이다.

08
우리가 정말 결혼할 수 있을까

사랑의 편지,
젊은이는 급하게 읽고, 장년은 천천히 읽고, 노년은 다시 읽는다.
_프레보 Prévost, Jean

　결혼 전 살아왔던 환경의 차이는 남녀가 결혼한 후 살아가면서 조율해나가며 맞출 수 있다. 그러나 시월드와의 갈등은 남편이 중간 역할을 제대로 해주는 않으면 며느리 혼자 가슴 앓이하고 스트레스를 받게 된다. 그렇다고 시댁에 발을 끊어 버릴 수도 없는 것이다.
　요즘은 시부모가 며느리살이를 하며 스트레스를 받고 가슴

결혼하기 좋은 내 남자 만들기

앓이를 한다고 하지만, 그래도 다른 환경에서 살다 들어간 며느리가 겪는 스트레스가 더 많은 것이 사실이다. 예비 시댁의 주도권이 누구에게 있느냐에 따라 며느리의 적응 방법이나 역할이 달라진다.

시아버지가 강하고 큰소리를 치는 경우라면 아들 입장에서는 더욱 더 중간 역할을 해내기가 쉽지 않다. 이런 경우 시어머니도 합세해 며느리 길들이기를 하는 경우와 시아버지의 독재에 지쳐 있는 시어머니인 경우가 달라진다.

전자라면 남자 친구만 닦달한다고 해결되지 않는다. 오히려 잘못 전달되면 "결혼 전에 갈라서라"는 엄포나 판결이 내려져 황당하고 서글퍼질 수도 있다. "며느리 사랑은 시아버지"라지만 독재적이고 보수적 성향이 강한 시아버지라면 사랑의 표현을 할 줄 모르고, 또한 자신의 잘못된 모습을 바꾸려 하기보다는 며느리에게도 자신의 독재 문화에 적응해야 한다고 강요할 것이다. 드라마에서 보면 며느리가 이런 시아버지를 교화시키기도 하지만 그건 드라마이다. 현실에서는 시아버지를 교화시키기 전 자신이 교화되거나 두 손 두 발 다 들고 항복하게 되는 경우가 허다하다. 시아버지가 경제적 능력이 많다면 더욱 더 그럴 것이다.

전자로 시어머니까지 그런 아버지와 합세하는 경우라면 어느 한쪽을 내 편으로 만들려 했다가는 이간질하는 사람으로 낙인찍혀 더 험난한 결혼생활이 예고될 수 있다는 것을 알아야 한다. 무조건 반발하며 바꾸려 들면 역효과가 날 수 있다는 것을 기억하고, 결혼 전부터 자주 찾아뵈어 그 문화에 적응하면서 시아버지가 좋아할 수 있는 행동을 하며 마음이 열리게 하여 내편으로 넘어오게 하는 것이 고수의 길이다. 예를 들면 시아버지가 좋아하시는 음식을 해드리거나, 식구들에게 불만을 터트리는 것들을 기억해두었다가 불만 처리를 해드리면 점점 신뢰가 쌓여, 시아버지는 며느리가 귀엽다는 생각을 하면서 독재자의 끈을 느슨하게 할 것이다.

후자로 시어머니가 평생 시아버지의 독재에 한이 맺힌 경우라면 시어머니와 한편이 되는 것이 시댁이라는 이름의 힘듦을 이겨나가는 방법이 될 수도 있다. 서로 이해해주며 의지하면서 말이다. 단 시어머니와 편을 먹고 시아버지에게 대항한다는 인상을 주어서는 안 된다. 괴팍하긴 하지만 오랜 시간 살을 섞고 산 남편에게 더 가족애를 느낄 수 있음을 염두에 두어야 한다.

우선 시어머니의 가슴앓이를 풀어주는 상대가 되어 시어머니와 돈독하게 지내며, 시아버지에게도 반발하지 않는 며느리라는 인상을 주라. 그러면 시어머니가 시아버지와 며느리 사이의 중간 역할을 잘해주어 며느리에 대한 시아버지의 생각과 언행이 달라질 수 있다.

반대로 시어머니에게 주도권이 있는 시월드는 더 말이 많고 탈도 많다. 특히 시누이들도 많고 서로 돈독한 관계를 유지하는 환경이라면 며느리에 대한 좋은 말보다는 사사건건 웃음거리나 문제점을 만들어내기도 한다. 여자들끼리는 미묘한 감정 기류가 흐르기도 한다는 것을 알아야 한다. 남자들은 이해할 수 없다고 하지만 여자들은 여자들끼리 느끼는 미묘함이 무엇인지 학교 때부터 느껴왔을 것이다.

이런 시어머니와 시누이들, 특히 정말 더 미운 시이모들에 대해 남편에게 털어놓으며 하소연해보았자 "소귀에 경 읽기" 밖에 안 된다. 여자들 기에 눌려 산 남편이 중간 역할을 하기는 만무한 것이고, 더구나 남편을 통해 시어머니 귀에 말이 들어가면 시댁에 불려가 시월드 여자들 앞에서 인민재판을 받게 되기도 한다.

다른 사람에게서 이런 말을 들으면 '설마 그렇게까지'라고 가볍게 생각하겠지만 심심치 않게 들려오는 이야기들이고, 이로 인한 심한 정신적 고통으로 이혼까지 한 여자들도 의외로 많다는 것을 알아야 한다. 자신이 이런 환경에서 산다면 어떻게 할 것인가라는 문제에 대해 생각해볼 필요가 있다. 여자들의 기가 센 시월드라면 남의 집 이야기만은 아니기 때문이다.

  시월드 여자들끼리 단단히 뭉친 집이라면 며느리가 아무리 잘해도 칭찬하거나 예뻐하기보다는 눈엣가시라도 되는 듯이 허물들을 찾아내어 문제점으로 만들어버리기도 한다. 아무리 심한 시집살이라도 한 귀로 듣고 한 귀로 흘리며 무관심으로 대응할 수 있다는 극소수의 여자가 아니라면 이 난관들을 무심히 넘겨버리기 힘든 게 사실이고 현실이다. 단단히 뭉쳐 자신들의 입장만 내세우는 여자 시월드들 중 하나를 내편으로 만든다는 것은 거의 기적에 가까운 일이다.

  그런 집안 상황을 알면서도 결혼을 결심했다면 현실을 인정하고 맞추어나가도록 하라. 책 잡히지 않도록 노력해도 문제로 삼으려 들면 빠져나갈 수 없게 된다. 며느리로서 본분을 소홀히 하지 않도록 노력하고 말을 많이 하지 않도록 해야 한다. 특히 불만족스러움에 대해서는 더더욱 가슴에 담고 있어야 한다. 처음부터 불만을 이야기하게 되면 말이 부풀려 옮겨지고 그것이 큰 파장을 일으키게 된다는 것을 명심해야 한다.

  다행히 시부모님이 강하지 않고 서로 존중해주는 문화라면 며느리가 귀여움을 받으며 불편한 문화를 바꾸어나가는 주도권을 잡기도 한다. 하지만 누군가의 입김이 강하고 그 사람으로 집안 분위기가 움직여지는 가정이라면 자신이 들어가 주도권을 바꿀 수 있다고 상상하는 것부터가 잘못된 길에 들어선 것과 같다는 사실을 알아야 한다.

주도권을 쟁탈하려 하는 투쟁자 입장이 된다면 돌아오는 것은 고달픈 결혼생활이다. 하지만 그 가정 문화에 적응해나가면서 인정을 받는다는 생각으로 대한다면 시간이 지나면서 자연스럽게 자신에게 주도권이 오게 만들 수도 있다.

결혼하기 전에 남자와 많은 이야기를 해야 한다. 내가 선택한 그 남자 가정의 모습을 정확하게 알아야 그에 따른 준비를 할 수 있는 것 아닌가. 무조건 바꾸려 들면 역효과만 발생하지만, 적응해가며 노력한다면 자신의 계획을 앞당길 수 있을 것이다.

결혼식 준비는 서로 조정을 해나가면 되지만 결혼생활은 둘의 조정만으로는 어려운 점이 많은 것이 현실이다. 결혼 전 서로 살아가는 방식이나 문화를 조율해나간다면 결혼식과 동시에 후회, 배신감이라는 단어가 행복의 단꿈을 흐리게 하는 것을 막을 수 있다.

늘 지키며 살았던 것을 한순간에 바꾸기는 어렵다는 것도 인정해주고 맞추어주면서, 서로가 한 발짝씩 양보하게 만들어가는 것이 두 문화를 조합해나가는 길이라는 것도 명심하자.

Epilogue

사랑과 결혼의
진정한 의미를 찾아서

어떤 남자가 좋은 남자일까? 연애 시절에는 '이 정도 남자라면 남편감으로 백점은 아니지만 손색 없다'고 생각했는데, 결혼 후에 차츰 서로의 모든 실체를 보고 알게 되면, 장점보다는 단점이 더 많이 눈에 들어오게 되는 것이 현실이다. 그러다도무지 이해할 수 없는 부분 때문에 갈등이 커지면 영화 〈장미의 전쟁〉을 방불케 하는 싸움 끝에 결혼생활의 종지부를 찍기도 한다.

'남자 잘 고르는 법'을 주제로 책을 쓰다 보니 자연스럽게 남자들의 유형을 분석하게 되었지만, 결혼생활이라는 것은 남자 혼자 만들어가는 것이 아니다. 여자를 잘못 만나면 착한 남자가 야수로 변해 평탄한 결혼생활을 이루어나가지 못하게 되기도 한다. 남녀는 서로 상대적이기 때문에 여자의 유형이나 처신에 따라 좋은 남자가 나쁜 남자가 되기도 하고, 나쁜 남자가 좋은 남자로 변하기도 한다. 각자의 입장에서 사람을 평가하기 때문에 좋은 남자와 나쁜 남자의 판단도 자신이 가지고 있는 기준으로 단정 지어버려 오류를 범하기도 한다는 것을 알아야 한다.

그러나 아직도 남자의 처신이 결혼생활에 영향을 크게 미치는 것은 사실이다. 가부장적인 문화가 아직도 많이 남아 있는 한국 사회에서는 남자가 남자로서의 대우를 받아야 한다는 관념이 팽배해 있어, 여자들이 드세다 싶으면 자신의 처신보다는 여자의 탓으로 돌리는 남자, 남자의 식구들이 많다.

몇십 년을 서로 다른 문화에서 살아온 남녀가 만나 서로 맞춰가며 살아가는 것이 결코 쉬운 일은 아니다. 장점으로 보인 내 남자의 모습이 결혼 후에는 절대로 이해할 수 없는 단점으로 자리 잡게 되기도 하는 것이 연애와 결혼의 큰 차이다. 반대로 정말 싫어하는 성격의 남자가 나중에 헤어지고 나서 보니 내가 선택한 남자보다 훨씬 좋은 남자로 보이기도 한다.

남자를 잘 선택했다 해도 자신의 잘못된 처신으로 남편감으로는 빵점으로 만들 수도 있다는 것을 잊지 말자. 그래서 젊은 나이에 환상을 가지고 결혼하는 것보다 조금 늦더라도 다양한 경험 후에 결혼하는 쪽이 실패를 줄일 확률이 높다. 후자의 여자들은 남자를 많이 만났거나 간접 경험이 많아 남자를 잘 다룰 수 있는 노하우가 있기 때문에 나쁜 남자를 선택했더라도 적절히 대처하며 결혼생활을 잘 유지해나갈 수 있다.

연애 때부터 좀 더 똑똑해지자. 직접 경험이 부족하다면 간접 경험을 통해서라도 남자 보는 눈을 높이고 행복한 여자가 되어보자. 연애 때에 조금 더 까다롭게 고르는 건 지혜로운 여자들의 인생 설계 방법이다.

이혼이라는 단어는 아직도 남자보다 여자에게 더 상처를 주는 불리한 낙인이다. 이혼의 낙인이 찍히지 않게 결혼 전 보고 또 보고, 검색하고 진단을 해야 결혼이 인생의 파산이 아닌 안전한 보험이 될 수 있다. 이는 어느 누구도 아닌 자기 스스로 현명하게 선택하고 처신해야 할 문제다.

결혼은 서로가 인내하고 배려하며 새로운 가정 문화를 만들어가는 것이다. 현명한 아내로서의 역할에 대한 가치관 정립도 결혼의 필요 조건이라는 것을 잊지 말자. 객관적이고 현실적인 가치관을 가지고 있을 때 나쁜 남편감을 피하고 좋은 남자를 만나는 지름길로 안내한다는 사실 또한 가슴에 새겨두자.

에필로그

관계 전문가 정혜전이 알려주는

남자 보는 눈

초판 1쇄 인쇄 2015년 4월 3일
초판 1쇄 발행 2015년 4월 10일

지은이 정혜전
펴낸이 이범상
펴낸곳 (주)비전비엔피 · 애플북스

기획 편집 이경원 박월 윤자영 강찬양
디자인 최희민 김혜림 김경년 이미숙
마케팅 한상철 이재필 김희정
전자책 김성화 김소연
관리 박석형 이다정

주소 121-894 서울특별시 마포구 잔다리로7길 12 (서교동)
전화 02) 338-2411 | **팩스** 02) 338-2413
홈페이지 www.visionbp.co.kr
이메일 visioncorea@naver.com
원고투고 editor@visionbp.co.kr

등록번호 제313-2007-000012호

ISBN 978-89-94353-98-2 13190

· 값은 뒤표지에 있습니다.
· 잘못된 책은 구입하신 서점에서 바꿔드립니다.

이 도서의 국립중앙도서관 출판시도서목록(CIP)은 서지정보유통지원시스템 홈페이지(http://seoji.nl.go.kr)와
국가자료공동목록시스템(http://www.nl.go.kr/kolisnet)에서 이용하실 수 있습니다.(CIP제어번호: CIP2015009264)